嫌な気持ちになったら、
どうす

中村英

★——ちくまプリマー新書

426

目次 * Contents

イラスト＝たむらかずみ

はじめに

怖いとか、人の目が気になるとか、何をしていても恥ずかしいとか。怒りがおさまらないとか、寂しくていてもたってもいられないとか。

自分をダメだと思うとか、誰かを嫌だと思うとか。普通がわからないとか、体が動かないとか。消えてなくなってしまいたいとか。

そういう時って、ありますよね。

時には、ものすごくつらかったりしますよね。

いつの頃からか、私はこうした「嫌な気持ち」を全部まとめて「ネガティブ」と呼ぶようになりました。ちょっとした不安から激しい怒りまで、自分のなかの嫌な気持ちも誰かのなかの嫌な気持ちも、それらを見かけるたびに、「あ、ネガティブが憑《つ》いてる」と考えるようになったんです。

ネガティブは、まるで祓《はら》っても祓ってもうじゃうじゃと湧《わ》き出てくる妖怪のようで、しかも、毎日どこかに存在します。時にはひっそりと心の隅の方に隠れていたりもします。姿や形、性質もさまざまです。他の誰かから乗り移ってきたり、心のうちに突如として現れたりもします。

私たちは、日々こうしたネガティブにとり憑かれては憂鬱になり、心を閉ざし、気力を失い、攻撃的になります。対立が生まれ、争いが起こり、人が死んでいきます。小さなネガティブは人から人へと伝播《でんぱ》し、大きな悲劇を引き起こします。

だから決して大袈裟《おおげさ》ではなく、絶えず立ち現れてくるネガティブにいかに対処するかに、私たちの幸せのかなりの部分がかかっているのではないか。こう考えるようになった私は、この一〇年近く、ネガティブをずっと観察してきました。

彼らはどこで生まれ、何をして、どう消えていくのか。

自分のなかに湧いてくるネガティブ、周囲の人が発するネガティブを、時にはそれらに盛大に飲み込まれつつも、じっと観察してきました。

若い頃の私は、ネガティブと融合状態にあったので観察どころではありませんでした。いわば、妖怪にとり憑かれていながら、そのことに気づいてもいない状態です。でもその後の人生で、ネガティブに関する知識も増え、対処法もいくらか身につけてきました。今でもネガティブに打ちのめされることはあるけれど、彼らが生まれる事情を理解し、時には彼らを丁重に扱い、共存できるようにもなった。そんなところです。

そうして、いろいろな経験をするなかで、「嫌な気持ち《ネガティブ》」はとても大事な感情なのだ、なくてはならない感覚なのだ、ということがわかってきました。

体だって「痛み」がなければ、怪我や病気の治療もできずに人は死んでしまいます。それと同じように、ネガティブはたくさんのことを伝えてくれるメッセンジャーです。私たちを守ってくれる存在ですらあります。私たちは痛みや苦しみに苛《さいな》まれながらも、ある意味では彼らに守られ、そこから自己や世界を理解していきます。

小さな子が泣いたり怒ったりする時にその子なりの理由や事情があるように、痛みや恐れや怒りもまた、なんらかの事情があって私たちの心や他者の心に生まれています。だから、抑え込めばいいとか、見て見ぬふりをすればいいとか、やりたい放題やらせればいいとか、そういう単純な話ではないわけです。

こんなふうに、私たちの生活は常にネガティブとともにあり、それらに大きく左右されているにも関わらず、まだまだわからないことばかりです。そのため本書では、まず、「嫌な気持ち《ネガティブ》」をとりあげたいと思います（第一のテーマ）。

ところで、嫌な気持ちになった時、世の中では、ひとりで抱え込まずに「誰かに相談しましょう」「助けを求めましょう」ということになっていませんか？

この点は同意していただけるとして、では、みなさんは嫌な気持ちになった時、実際に、誰かに相談したり、助けてもらったりしているのでしょうか？

「はい、そうです」という場合、それは本当に素晴らしいことです。そんな楽園があれば、私も是非とも住みたかったものです。

残念ながらと言うべきか、私自身は、人に助けを求めた結果、余計につらい思いをすることの多い人生を送ってきました。むしろ、そんなことばかりでした。子供の頃などは、大人に助けを求めても慰《なぐさ》めてもらえるどころか、逆に、説教されたり怒られたりして、もう散々です。転んで痛くて泣いていると、転んだこと自体を責め立てられた上に、最後に「泣くなっ！」と頭をゴツンと殴られてしまう。いわばそんな感じです。

でも私は、私の人生が特別に残念なものだなんて一ミリも思っていません。私以外にも、助けを求めたらそこでさらに嫌な思いをしたことがある人は、それこそ世界中にいるはずだという確信があるからです。

実際に、周囲をぐるりと見渡せば、助けを求めても、面倒くさがられ、イライラとした口調で「そんなの自分が悪いんでしょっ！」と説教されておしまい、という場面は少なくないはずです。

そこでこうした、いわば、**「相談なんか、しなければよかったっ！」**という現象について考えたいと思います（第二のテーマ）。相談場面でいったい何が起きているのか。なぜそんな事態が発生するのか。これらをみなさんと一緒に整理していきます。整理は予防に役立ちますから。

その上で、ネガティブに対処する方法として、**「問題の外在化《がいざいか》」技法をマスター**していきます（第三のテーマ）。「問題の外在化」はナラティヴ・セラピーという心理療法で使われる技法なのですが、本書では、この技法を自分ひとりでも実践できるようになることを目指します。といっても、マスターするのはすごく簡単です。本書を読み終わった段階で、日々の暮らしのなかで使えるレベルまで到達できます。

今後、相談する相手が見つからない時も、誰かに相談したりされたりする時も、この技法はみなさんを助けてくれることでしょう。その上、「問題の外在化」は、自分自身やまわりの人たちを含めて、人を見る時の見方をひとつ増やしてくれるはずです。見方が変わると、自分に対しても他人に対しても、今より少しだけ、やさしい気持ちになれるかもしれません。

最後に、**相談上手、相談され上手**になる方法を整理します（**第四のテーマ**）。本書では、助けを求めると逆に嫌な思いをする現象もとりあげますが、もちろん私は「人に、助けなんか、求めたって、ロクなことに、ならないわよ、世の中そんなもの、フッ（ため息）」などといった後ろ向きの意見に賛同するつもりはありません。みんなで相談上手、相談され上手になって、よりよく愉快に生きることが私たちの目的です。

*　*　*

ということですが、まずは、自己紹介をさせていただきます。

私は大学で社会学を教えている教員です。そんな私の研究テーマは「現代社会の生きづらさとそこからの解放」です。この二〇年くらいは摂食障害や依存症について調べてきました。摂食障害とは拒食症とか過食症のことです。依存症はみなさんもなんとなく知っていますね。スマホ依存とかアルコール依存などの言葉は広く使われていますから。「生きづらさ」について研究や講義をしていると、心理学の研究者だと思われがちですが、私の専門は社会学という学問です。社会環境を含めた視点から現代社会の「生きづらさ」を考えてきました。

ところで、そもそもなぜ私が「生きづらさ」をテーマにしているのか。

それは、私が若い頃、すごく生きづらかったからなんです。なんだかよくわからないけれど生きづらいんですね。

一〇代の頃などは、同世代の人たちのなかにいると、自分は「他の人たちとは違うかも」という思いが湧いてきます。ただでさえ生きづらいのに、「こんな変な生きづらさがあるのって、自分だけかも」という孤立感まで抱え込むことになります。

その時々に楽しいこともありましたが、得体《えたい》の知れないネガティブが私の体に黒い霧のようにまとわりついていて、重い体をずるずると引きずるように生きていた時期もありました。

そんな私は、大学で講義をするようになるとずいぶんと驚いたものでした。かつての私のような若者がたくさんいたからです。

しかも大学生活を楽しんでいるかのように見える学生、私の目にはキラキラうつる男子や女子までも、「中村先生、私/僕、生きづらいんです」と話してきます。授業後に提出するコメント・シートや時にはテストの答案用紙の余白の部分にまで「生きづらさ」がびっしりと書き込まれていて、「え、そうだったの?」と驚いたわけでした。

この頃、私は既に三〇代になっていましたが「私と同じような人って、たくさんいるんだ」と心底ほっとしつつ、同時に、「他の人も、いろいろな生きづらさを抱えているのだ」ということを本当の意味で理解しました。「自分だけ、おかしいかも」と孤独に生きていた頃、私は自分以外の人が抱える闇には気づいていませんでしたから。

もちろん、大人になると自動的にネガティブから卒業できる、なんてことはありません。そのため、このちくまプリマー新書は若者向けのシリーズではありますが、私は若い人だけでなく、生きづらさを抱えている大人たちにも思いを馳《は》せつつ本書を書きました。若者であれ、大人であれ、ネガティブは私たちみんなの共通テーマです。

世界には、本を一冊読んだくらいではどうにもならないネガティブが溢《あふ》れている上に、本書で扱えることはごくわずかです。それでも、日々の暮らしのなかで役立つ知識、私たちを楽にしてくれる工夫はたくさんあり、本書ではその一端を共有できればと思います。

こんがらがった糸をほぐすと、新しい現実がひらけてきて、そこで私たちはネガティブと共存しながらも、今よりずっといきいきと軽やかに愉快に生きていけることでしょう。

本書の目的

① ネガティブを理解する（第1章・第2章）

② 「相談なんか、しなければよかった」という現象を考える（第3章）

③ 「問題の外在化」技法をマスターする（第4章）

④ 相談上手、相談され上手になる（第5章）

第1章　否定とネガティブ

神様ポジション

ある時、ゼミ生のK君から就職活動の相談を受けました。お母さんがあれこれ口を出してきて、それが苦しくて就職活動がまったくできない、という相談でした。話を聞いていると、たしかに、毎日毎日、K君はお母さんからものすごく指示出しされているようです。次々と「あれをしなさい、これをしなさい、なんでこれをやっておかないのっ！」という言葉が矢継ぎ早にとんできて、彼は動く間もなく固まっている。そんなイメージです。

それでふと、「ところで、お母さんは何のお仕事をされているの？」と聞きました。民間企業の就職活動にそれほどくわしいなんて、たとえば、会社で長らく人事を担当されているのかな、などと私は想像したのでした。

そうしたらお母さんは、専業主婦でしかも大学卒業後すぐに結婚したため、外ではほとんど働いたことがない、とのことです。それで私は「なるほど」と唸《うな》り、K君の状況について理解を深めたのでした。

もちろん、経験がないからといって、人に何かを教えられないわけではありません。でも、まったく経験のないこと、つまりは落ち着いて考えてみれば、それについて全然知らないはずのことを、ものすごくよくわかっているかのように「こうした方がいいに決まってるじゃんっ」と言ってくる人って、すごくたくさんいます。

私はこうした現象を「神様ポジション」と呼んでいます。略して「神《かみ》ポジ」です。活用は、「神ポジをとる（神ポジに立つ）」、「神ポジをとられる（神ポジに立たれる）」の二つです。

「Aには、〇〇は無理に決まってるじゃんっ」というような表現は、Aさんに対して「神ポジをとる」ことになります。Aさんに〇〇ができるかどうかわからない立場にいるはずなのに、相手のことをすべてわかったかのような神様みたいなポジションから発言されているからです。
たとえば、こんな感じです。

部活編：「Aは○○なんだから、△部は無理に決まってるじゃんっ」
進学編：「Aは○○なんだから、△学部ではやっていけないに決まってるじゃんっ」
お洋服編：「Aは○○なんだから、スカートは似合うわけないじゃんっ」
恋愛編：「Aは○○なんだから、B君と付き合うのは無理に決まってるじゃんっ」
アルバイト編：「Aは○○なんだから、接客なんか向いてないに決まってるじゃんっ」
仕事編：「Aには、○○は向いてない」

どうでしょうか。
だんだん、げんなりしてきましたね。まさに、「あなたは神様ですか？」と聞き返したくなるほどの断定ぶりです。善意のつもりでこうしたことを言ってくる人もいますが、ここにあるのは否定と決めつけです。

こうして個別にとりあげてみれば、神ポジ発言の非現実ぶりに気づき、「やっだぁ、あはは」と笑ってしまう人もいることでしょう。冷静に観察すると、ある意味、面白いですから。

でも、学校の先生やお父さんやお母さんにやんわりと繰り返されたり、仲のいいお友達にさらりと言われたりすると、一瞬、体が固まってしまい、何も言い返せず「言われた、とおり、かもしれない」と心がぐらぐらと揺れてしまうかもしれません。「こうしたいっ！」という明るい意欲が、「ダメかも」という陰りでシュッとしぼんでしまうかもしれません。

少なくとも、「あなたは私をどこまで知っているんですか？ 世の中のことがすべてわかるんですか？ 未来が見えるんですか？ あなた、神様ですか？」などとクールに切り返すことなどできないはずです。

ところで、サッカー観戦なんかは、人によっては一種の「神ポジ遊び」なのではないかと私は以前から想像しています。世界で活躍しているプロ選手がシュートを外すと、サッカーボールをろくに蹴ることすらできない素人でも、「もっと足の角度をこうすればシュート決まったのにさっ！　ダメだなっ！」とか言って、神様ポジションで観戦してそれを楽しむ、みたいな。あえて神ポジをとりまくって全能感《ぜんのうかん》を満たす観戦の仕方もあるのかもしれません。

とはいえ、身近な人に「なんでこうやらなかったのっ！　ダメだなっ！」と神ポジをとられるのは嫌なものです。「嫌だな」と思えるならまだまだ被害は少なく安全圏といえます。それよりも怖いのは、相手の神ポジ発言を受け入れてしまう事態です。繰り返し繰り返し否定的なメッセージを受け続けると「自分は○○なんだから、T大学の受験は無理」とか、「自分は○○なんだから、やっぱこれは無理だよね」と自分で思い込むようにもなりますから。

他方で、人に何かを言われると従ってしまう場合、相手に「神ポジをとらせる」と表現します。たとえば、「嫌だと思っても、親の言うことには従っちゃうんです」という話を、私はこれまですごくたくさんの人——若者から大人まで——から聞きました。私にはそうした経験がなかったので、かつては「い、い、嫌なのに従うって、どど、どういうこと？」とずいぶんと前のめりに聞き返していたものでした。けれども、誰かに何かを「あなたは、こうです。こうするのが、正しいのです」とスッパリ断定され続ければ、「そうですか」と従ってしまうことってあります。

ですので、他者からの否定をクールにかわし、他者からの支配にあらがい、他者への依存を脱し、私たちが健全に自分のニーズを持ち続けるためにも、神様ポジションの基本構造は理解しておくとよいでしょう。

さて、こんなふうに話す私は、誰かに「神ポジをとる」ことが少ない方だと自認しています。そうゆうの苦手です。私と同じタイプの人もいるのではないでしょうか。では、そうしたみなさんが神ポジとは無縁に生きているのかと思いきや、まったく、そんなことはないんです。

私も若かりし頃、神様として君臨しまくっている領土がありました。領土の民を信頼もせず、休息も安らぎも与えず、適切な管理もせず、一方的に支配している対象がありました。

さて、いったい、私は何を支配しようとしていたのでしょうか。

そうです。自分自身です。

私は、自分に神ポジをとりまくっていたのでした。そしてみなさんのなかにも、自分に神ポジをとりまくり、「(自分)ダメだなっ！」と否定し続けている人は、おそらく、たくさんいるはずです。

「自分はダメだ」と思う私たち

大学の講義で、私は毎年必ず暴力についてとりあげています。虐待、いじめ、ドメスティック・バイオレンスなどです。それらは切実なテーマだと考えているからです。そして残念ながら、多くの若者が時として暴力的な環境を生きています。

他方で、暴力的なものを目撃したことも経験したこともまったくない若者もたくさんいます。それはとても喜ばしいことです。

でも、暴力的なものって、他者からやってくるだけでしょうか。自分の外側の世界だけで起きる出来事でしょうか。

たとえば、みなさんは、毎日、どのような言葉を自分に向けていますか。

「（自分）よくがんばったね」とか、「（自分）これは得意だよね」とか、「（自分）今日もかわいいね」とか、「（自分）誰でも失敗することはあるよ。ドンマイ」とか。こういう自分を励ます脳内ミュージックが、みなさんの頭のなかには流れているでしょうか。

私は大学生の話を聞いているうちに、頭のなかで自分を否定し裁《さば》いている若者がたくさんいることを知りました。どうやら、若者の頭のなかには肯定ソングはあまり流れていないようなんです。

どういうことかと言うと、毎日、それがまるであたり前であるかのように、「（自分は）ほんっとにダメ」、「（自分なんか）死ね」、「（自分は）痩《や》せてないと生きていても価値なんてないっ」、「（自分は）どうせ何をやってもできない」、「（自分は）誰からも好かれない」、「なんであんなことしたのよっ（自分は）」というような言葉が頭のなかでぐるぐるとループしているんです。

「えっ？　そんなにいつも自分を否定してるの？」と思うほどに、彼らの内的世界には自己否定と自己批判が渦巻いていて、しかも本人たちには自分を否定している意識すらありません。カフェで流れている静かな環境音楽のように、彼らの頭のなかではごく自然に自分を批判する言葉が途切れることなくささやかれ続けている。ごく自然に自分に対して神ポジをとっている。

自分を批判する言葉や考えが頭に浮かぶことって、誰にでもあります。それは自己反省的な態度でもあり、そうした態度は私たちを成長させます。ふんぞりかえって「俺、最高」と偉ぶることもなく、たたずまいとしては謙虚です。

でも、自分に向かうそれらの言葉をそっくりそのまま他の誰かに向けたら、いったい、どうなるでしょうか。

私はさまざまな場面でナカムラ・オリジナル翻訳機を使って暮らしています。翻訳とはつまりは言い換えです。そしてある言葉を別の言葉に置き換えて表現するだけで、物事の見え方はずいぶん大きく変わります。

ということで、さっそく第一弾として「主語《しゅご》変換翻訳機《へんかんほんやくき》」を使ってみたいと思います。主語だけ変換する翻訳機ですので、先ほどの脳内ミュージックの言葉の主語を「自分」から「あなた」に変えてみます。

はい、どうぞ。

「（あなたは）ほんっとにダメ」、「（お前なんか）死ね」、「（あなたは）痩せてないと生きていても価値なんてないっ」、「（あなたは）どうせ何をやってもできない」、「（あなたは）誰からも好かれない」、「なんであんなことしたのよっ（あなたは）」。

いかがでしょうか。

主語が「自分」にあった時は、「そう思うことって、あるよね。あるある」という感じで、そうひっかかりもなかったのではないでしょうか。

ところが主語を「あなた」に変えた途端、衝撃が走りませんか？

私などはもう言葉にするのもためらってしまうほど、相当激しいメッセージとなりました。これらはもはや罵倒の言葉です。バイオレンス含有量はかなりのものです。

こんなふうに、他者に発すれば激しい罵倒になるような言葉を、毎日、毎時間、何かある度に自分に向けている人は本当にたくさんいます。頭のなかに小人が住んでいて、その小人がいつもいつも自分にダメ出ししてくる。そんな感じです。

でも、ダメ出しされて否定ばかりされたら、もう何もやりたくなくなるし、自信はなくなるし、前向きな気持ちなんか宇宙の彼方《かなた》に吹っ飛んでいってしまいます。

これは、自分に向かう「否定のネガティブ」です。

かなり恐ろしいネガティブですが、ダメ出しの小人は、日本中の若者の頭のなかに住みついているはずです。もちろん、大人になったら小人が「お世話になりました」とか「あんたにはもう用はないんで」などと言って勝手に出ていってくれるわけもありませんから、多くの大人の頭のなかにも彼らは住みついているはずです。

みなさんの頭のなかは、いかがでしょうか。

小人の存在は仕方がないとして、「私の頭のなかには、小人が住んでいるのだ」という自覚くらいはしておかないと、気づかぬうちに自信をへずられていたり、人生の選択肢の幅を狭められていたり、場合によっては小人に人生を丸ごと乗っ取られていたり、ということすら起こりかねません。

「これ、私の人生ですから（ディス　イズ　マイ　ライフ）」と小人から自分の人生を奪還するためにも、まずは、小人の存在をしっかり認識する必要があります。

ソレ（小人）は、ココ（頭）にいるのだと。

強迫観念の小人

ネガティブの小人は反省させることが大好きです。だから、若者たちの間では、毎日ひっそりと儀式のように「ひとり反省会」が行われています。

友達と遊びに行った帰りの電車で自分の言動を振り返って反省する。その日に起こったことを思い返しながらお風呂で反省する。昼間の会話を思い出して「あんなこと言っちゃった。はい、終わった」と悶《もだ》え苦しみながら眠る人もいます。なおこれらは、実際に私が若者から聞いた実話であり、勝手な創作ではありません。

みなさんは「強迫観念」という言葉をご存知でしょうか。強迫観念は「〜すべき」「〜してはいけない」など命令や禁止の形で私たちの行動を制限し、コントロールしてきます。

たとえば、強迫観念の代表選手は確認癖です。何度鍵を閉めても「閉め忘れたかも」と思ってしまうとか、忘れ物がないか何度も確認して疲れ切ってしまうとかです。

私のところに強迫観念の小人がやってきたのは、中学二年生の一学期でした。それまではのんびり適当に暮らしていたのに、ひょんなことをきっかけに、小人が私の頭のなかに住みつきました。そして、「体重を、減らしなさい」と呪いのように語りかけてきます。「痩せていないあなたに価値などないのです」とささやいてきます。私はこうして摂食障害と呼ばれる状態になり、この小人とともに一〇代を過ごしました。

体重以外にも、小人はさまざまな指示を出してきます。その指示が適切なものであれば多少苦しくても我慢のしがいもありますが、私の小人の指示は滅茶苦茶《めちゃくちゃ》でしたから、私の一〇代はもう滅茶苦茶でした。ごくごく小さな例を挙げると、私は道を曲がりたいのに小人のせいでまっすぐ歩くしかなく、河原の土手をぐるっと一周してしまったことすらあります。

若者はだらだら遊んで暮らしている。こう思っている大人って、結構いるはずです。実際に外からはそんなふうに見える若者もいます。ですが、一見遊んでいるかのように見える行動を、無理して、強迫的にやってる若者もたくさんいます。

「夏休みは大学生らしくガンガン遊ばなきゃっ（本当はゴロゴロしていたい）」、「タクサン友達つくらなきゃっ（本当はヒトリでいるのが好き）」、「モット予定入れなきゃっ（本当はツカレキッテいて休みたい）」などなどです。

でも、若者同士の会話で「うちの小人が最近うるさくってさ」みたいに強迫観念について話す機会はあまりないので、お友達の頭のなかに、同じタイプの小人が住んでいることには気づきにくいものです。

私の不安の絶頂期はなんといっても一〇代後半です。それは小人が最も猛威を振るっていた時代でした。ある冬の日、私は赤い郵便ポストをじっと見つめていました。大学受験の願書をポストに投函《とうかん》した後、しばらくポストの前でたたずんでいたんです。ちゃんと届くのだろうかと不安だったからです。願書をポストに入れても安心できず、心境としては、もういっそ大学に直接自分で配達したいくらいでした。

これはひとつの例に過ぎなくて、この種の不安は日常のあちこちで頻発していました。

今思うと、すべてが不安だったのだと思います。日本の郵便システムに対してだけではなく、世界にも自分にも、要は見渡す限りどこにも安心がなかったのだと思います。

安心を手に入れようとして何かを確かめたり、自分をコントロールしたりしては、空回りしていました。何かを達成しても、不安そのものは消えないから、その不安は次の対象を見つけ出してきて、終わりがありません。

大人になった私が、冬の日に郵便ポストをじっと見つめている当時の私に会えるとしたら、「日本の郵便システムはしっかりしているから、ちゃんと届くよ」とか「心配し過ぎだよ、大丈夫だよ」とか言うのではなく、「きっと、いろいろなことが、すごく不安なんだね」と声をかけて、あとは、嵐のような不安のなかを必死に頑張っているんだなと思いながら、黙って背中をさすってあげたいです。当時の私の状況は、みなさんにもあてはまることでしょう。

結局のところ、強迫観念の小人の主要なエネルギー源は不安です。不安があるところで小人はぐんぐんと力を増していきます。

私たちは、自分はすごく不安なのだ、安心も信頼もどこにもないのだということに気づかないまま、不安を解消してくれそうで実際はまったく解消してくれない強迫的な行動を延々と続けては、くたびれ果てているのでしょう。

みなさんのなかにも、不安で何かにしがみついている人はたくさんいるはずです。そういう時期ってあります。そういうことが理屈で全部わかったとしても、不安なものは不安だし、怖いものは怖いです。

それでも、さまざまな経験が私たちの不信と不安を解消していってくれます。

ダメだと思ってたけどできた。怖かったけど大丈夫だった。心配してたけど楽しかった。話が通じる人もいる。心がつながる人もいる。世の中そんなに悪くない。

そんな経験を繰り返すなかで私たちは安心と信頼を培っていきます。同時に、安心してはいけないもの、信頼できないものも学んでいきます。

そして若さとは、絶対的な経験値不足を生きることです。こう考えると、一部の若者の頭のなかが強迫観念でぎゅうぎゅう詰めなことにも納得がいきます。若い時期は経験が少ない上に、新しく何かを覚えたり、見知らぬ他者と新たに関わったりする時期ですから、不安があるのはあたり前です。

だから小人があれこれうるさい場合、それは仕方ないとして、「あぁ、自分は、今、とても不安なんだ」と考えるとよいかもしれません。小人は不安のバロメーター、みたいな。

それに、小人って便利な存在でもあります。彼らのおかげできちんとした作業ができたり、忘れ物をしないですんだり、何かを頑張れたりします。

「怖いものは、怖いよね、うんうん」、「不安なものは、不安だよね、うんうん」と自分の気持ちに寄り添いつつ、みなさんがいつもの通りに生活していれば、少しずつであっても確実に、安心と信頼の陣地は増えていきます。

強迫観念の小人を追い出すことはできないとしても、頭のなかに小人用の素敵な小さなおうちを建てて正式に住んでいただき、小人にみなさん好みのお洋服を着せ、彼らと共存していくことはできます。

といっても、自己否定がとまらない人もいることでしょう。自己否定について、続けてみていきます。

逆・台無し翻訳機

就職活動中の大学生は、企業に提出するエントリーシートというものを何通も書くのですが、そのエントリーシートには自分の長所を書く欄があったりします。そんなわけで、私の耳には時おり「長所の欄を埋めようとしたところ、思いつくのは自分の短所ばかりですっ！」といった悲鳴が入ってくるわけです。

ところで、社会心理学者のガーゲンは、言葉が現実を創り出す側面に着目しました。たとえば、「失敗する」と言うと本当に失敗する、みたいなことって実際にあります。言葉は行為でもありますので。

そのガーゲンは、「私たちには、自分より優れている他者の特性を台無しにする言葉の資源があるのだ」[*1]と述べています。ふむ。私たちの住む社会には、人の優れた特性を台無しにする言葉がある、ということですので、そこからいくつかそのまま引用してみます。

意志が強い　　融通がきかない
勇気がある　　無鉄砲な
かわいい、愛らしい　　なれなれしい

質素な、やりくり上手　　　ケチな
聡明な　　　　　　　　　知ったかぶりの
はっきりとものを言う　　ホラ吹き
説得力がある　　　　　　詐欺師である
やる気が非常に高い　　　狂気じみている
受容的な　　　　　　　　だまされやすい
楽観的　　　　　　　　　非現実的

「ホラ吹き」だとか「詐欺師」だとか、日本の日常会話では使用頻度が低い単語も並んでいます。翻訳だからなのでしょうが、私はちょっと笑ってしまいました。

さて、これを「台無し翻訳機」と名付け、私を実験台にして試してみたいと思います。たとえば、私はよく「受容的」だと言われます。そして自分では「楽観的」であり、かつ、「勇気がある」とも思っています。どうも。

これをガーゲン先生の「台無し翻訳機」で変換してみます。

すると、「中村先生は、だまされやすく（⇕受容的）、非現実的で（⇕楽観的）、無鉄砲（⇕勇気がある）である」ということになります。

えー（ブーイング）。

えー（再度、ブーイング）。

なんだか、ハチャメチャな人間が浮かび上がってきてしまいました。

ですが、あくまで翻訳の結果なのであってゼロからでっちあげた人物ではありません。だから、「いえいえ、この人物は断じて私ではありません」と否定しきれないのがつらいところです。

さて、私を実験台に試してみましたが、「台無し翻訳機」の見事な性能ぶりを実感していただけたのではないでしょうか。いやぁ、これはすごい。かなりの台無しぶりです。なかなかの破壊力です。頭のなかにこんな翻訳機が常駐していたら、もう毎日が自分へのダメ出し地獄になってしまいます。

でも、大丈夫です。ほとんどの物事には、よい方向に持っていく余地というものがあります。「捨てる神あれば、拾う神あり」ということわざだってあるくらいです。

そこでここでは、「台無し翻訳機」に対抗する翻訳機として「逆・台無し翻訳機」を紹介します。自分の短所を見つけるのが得意な方は、見つけた短所を片っ端から「逆・台無し翻訳機」にかけてみましょう。

まず、自分を否定する言葉を一〇個ぐらいあげてみてください。三〇個だっていいです。どんときたまえ。私なりに大学生に聞いたことがある言葉を寄せ集めて創作すると、まあ、こんな感じでしょうかね。

自信がない、やりたいことが見つからない、話が下手、友達が少ない、人の悪いところばかりが見える、やるべきことを先延ばしにする、〇〇ができない、性格が悪い、嫉妬深い、モテない。

寄せ集めの創作ながらも、そこそこリアルな若者像が浮かんできました。なんとなく実在しそうですらあります。さっそく、これを「逆・台無し翻訳機」で変換します。

謙虚、欲が少ない、誠実、ひとりでいられる、批判精神に富んでいる、楽天的でのんびり屋、「○○ができる人」の引き立て役になれる、自分の性格の悪さを自覚できている常識人、向上心がある、好きな人が今はいないだけ。

えー（驚き）。

えー（再度、驚き）。

なんだか、ものすごくイイ感じの人物が浮かび上がってきました。この架空の人物と仲良くなりたくなってきた人もいるのではないでしょうか。

「逆・台無し翻訳機」もなかなかやります。負けていません。薄暗い心の空間にいく筋もの光が斜めに差し込んできて、生きる意欲まで湧いてきてしまいます。

私も今回はじめて実験してみましたが、どんな短所もひっくり返せば長所になる現実を目の当たりにして、「ううむ」と唸ってしまいました。先ほど「自分の短所なら山ほど思いつきますっ！」という学生の話をしましたが、ひっくり返せば、それは「長所が山ほど出てくるっ！」事態でもありました。

ということで、励まされたい時は「逆・台無し翻訳機」を使い、自分に厳しくしたい時は「台無し翻訳機」を使うというように、場面によって使い分けをしていくとよさそうです。

こうして二つの翻訳機を行ったり来たりしているうちに、だんだん馬鹿馬鹿しくなってきて、いろいろどうでもいい、みたいに脱力できるとそれはそれでしめたものです。私も、「なんかもう〈自分〉とかそういうのはいっかな、それよりおやつ食べよ」みたいな気分になってきました。

「肯定かっ！」はたまた「否定かっ！」みたいにフンばってリキむ地平の外側には、両者がアウフヘーベンされたリキみの抜けた脱力次元があり、中年世代の私などはそこでゆらゆらとしていたいわけです。

なお、アウフヘーベンとは矛盾や対立をより高次の段階で統一すること、すなわち「矛盾する諸契機の発展的統合」（『広辞苑』第七版）という意味であることを、ここではついでに勉強しておきます。〈自己否定〉と〈自己肯定〉の発展的統合は、〈自己受容〉でしょうかね。

認められたいっ！

さて、ここまでで、多くの方の特技が自己否定であることを確認してきました。みなさんのなかには、特技の欄に「自己否定」と書くことすらできる達人レベルもいらっしゃることでしょう。

こんなふうに、自分を沼に沈めるようなことをしていれば、他方で、沼から引きあげられたい気持ちが生まれてくるのも当然です。自分で頭から沼にツッコんでいったかと思いきや、誰かに沼から引きあげてもらおうとするのが私たちです。

ということで、出ました、承認欲求。認められたい心です。

「認められたいっ！」という思いは、世代や年齢を問わず誰もがいくらかは持っている感情かと思いますが、若者世代の承認欲求ってハンドリングがなかなか難しいものです。有効に使えば大いなる成長につながります。他方で、承認されたい心を誰かに利用されてしまうと、生きたくもない人生を生きるはめになりかねません。

承認欲求に近い言葉として、存在証明という言葉もあります。私たちは日々、自分が価値のある存在として生きていることを証明しようとする存在です。そんな存在証明について、社会学者の石川准先生は次のように述べています。

人に受け入れてもらうために存在証明に励むというまとめ方は綺麗すぎると僕は思っています。それだけではないのです。人は君臨し支配するためにも自分が特別な存在だということを証明しようとしているように思われます。存在証明は権力闘争でもあるのです。[*2]

「認められたいっ!」の先には、「君臨!」や「支配!」がある。なかなかすごい展開です。たしかに、競争に勝つことに喜びを見出《みいだ》す人も、他者を支配したがる人もいます。私も含めて「そうした世界とは極力関わりたくないよね、おっかないよね」と思いながら生きている人もいるでしょうが、社会で暮らしている以上、「そういうの、苦手なんで。えへへ」といって完全に降りるわけにはいかないものです。

女子学生から、同年代の女子とすれ違うたびに必ず「勝った、負けた」と思ってしまうという話を聞いたことがあります。勝つと気分が上がり、負けると気分が下がるそうです。それで、他の女子に「こういうことって、あるの？」と聞いてみたところ、「わかる、わかる」という人もいました。

一方で、負けるのも嫌だけれど、勝つのも嫌という人たちもいます。「勝ちたい組」に対して、「目立ちたくない組」とでもしておきましょうか。「目立ちたくない組」の目標は、優れている状態の達成ではなく、目立たない状態の達成です。目立ってしまうくらいなら優れてなんていたくない、ともかく目立ちたくない、といったところです。

私などは六歳にして既に「目立ちたくない組」でした。当時、私の黄色い長靴には犬の耳がついていたんです。下に垂れる形の耳です。子犬を模した長靴で目や口もプリントされています。子犬風の黄色い長靴なんてかわいらしいですし、振り返るとよく考えられた商品だなとも思います。ですが、自分の長靴だけ他の子供たちと違っているという事態は六歳の私にとっては恐ろしく、その長靴を履いて踊りを踊らされたお遊戯会ではほとんど泣きそうでした。

「勝ちたい組」と「目立ちたくない組」とでは、求める状態は違うものの、それぞれ必死です。

同年代の人とすれ違うだけでも値踏みしあってしまう心。まわりの人とのちょっとした違いを恐れる心。そうした自分の心からも相手の心からも逃げられない私たち。地位や身分を相互に確認しあう言動は、時代や地域を問わず人間社会には必ずありますから、この先も続けられていくことでしょう。

特に、最近はSNS上でさまざまな承認欲求バトルが繰り広げられています。聞くところによると、全部嘘《うそ》の投稿をして架空の人物になりきっている人もいるそうで、なかなかすごい世界です。ある人物を「素敵っ。羨ましいっ」と思っていたら全部嘘だった、なんてこともあるんですから。

こうしたなか、幸せな人はわざわざ人に見える場所で幸せアピールなんかしないよね、といった種類のことも既にあちこちで語られているようです。同時に、アピールするつもりなんてないのに何気ない投稿が幸せアピールって解釈されちゃってプンプン、なんてこともあります。SNSとは関係なく、同じようなことって昔から変わらず繰り返されているような気もします。

どちらにせよ、幸せも不幸も、外から見える範囲というのはごく一部です。

そして、私たちには、多かれ少なかれ、人には言えない幸せってあるのではないでしょうか。実は、この私にも「そ、そんなことが、幸せなんですかっ」と思われるであろう喜びがあります。

たとえば私は、眠る前に夫に掛け布団をかけてもらうと脳内に幸せ成分がドンッと出ます。昼寝などの際に掛け布団的な何かをかけてもらっても同じ幸せ成分が出ます。掛け布団をフワッとかけてもらって脳内に幸せの花火がシュッとあがり、そのまま寝てしまうのがいいんです。

これを発見した時はすごいなと思いました。かけるだけ（かけてもらうだけ）で幸せですから。簡単かつ即効性があります。楽にすぐに幸せになれるので「すごいな」と思ったわけです。

とはいえ、「認められたいっ！」という思いが、人類にとって根源的な欲望であるのと同じように、掛け布団的なるものを他者にかけてもらうことも、やはり人類にとって根源的な欲望のひとつなのではないか、とも思えてきました。

そもそもですね、「趣味は、布団です」っていう大学生はたくさんいますからね。翻訳しますと、これは「布団が大好きで、布団のなかにずっといたい」という意味です。若者というものはおおむね布団が大好きなようです。

思いがけなく掛け布団的幸福、というか、そこをも飛び越えて「みんな布団が好きだ」という普遍的な話になってしまいましたが、承認欲求に戻りたいと思います。「認められたいっ！」という思いが苦しいこともあります。方向がズレていると、自分が生きたい世界とは別の世界に遠く連れ去られてしまいます。

他方で、若者には、認められたいという意欲をある程度は持っていただかないと社会はまわっていきません。認められたい気持ち、自分の価値を確かめたい気持ちは、勉強したり、仕事をしたり、何かに意欲的に取り組む際の原動力になり、社会はそうした活力を若い世代に常に求めています。**社会はいつだって若者に期待をしているものです。だから若者の承認欲求ってすごく大事です。**私は応援しています。

こんなふうに、ひとつの事柄に「ポジティブな側面」と「ネガティブな側面」が含まれていることはよくあります。こういう場合、新しい言葉をつくってそれぞれの側面に名前をつけなおし、自分なりに使っていく道があります。

そして、私には好きな言葉があります。承認欲求や存在証明のポジティブな側面に光をあてた言葉です。それは小説家の村上春樹さんがエッセイのなかで使われていた「健全な野心[*3]」という言葉です。

頑張りたい時。今の自分を超えたい時。私はこの言葉を思い出すとすがすがしい気持ちになります。「うん、そうだよね。そういう前向きな意欲は大事だよね。私は私なりに頑張ろう」と思えてきます。

若いみなさんの前には、広々とした未開拓領域《フロンティア》が広がっています。そこをこの先、意気揚々と元気よく切り開いていく際に、「健全な野心」という言葉に励まされることもあるでしょう。

本章では否定をめぐるネガティブをみてきましたが、次章ではネガティブが人と人との間で伝染する様子などをみていきたいと思います。

ネガティブって、伝染《うつ》るんです。

注

＊1　ケネス・J・ガーゲン、二〇〇九＝二〇二〇『関係からはじまる――社会構成主義がひらく人間観』ナカニシヤ出版、三七〜三八頁

＊2　石川准、一九九九『人はなぜ認められたいのか――アイデンティティ依存の社会学』旬報社、六四頁

＊3　村上春樹、二〇一五『職業としての小説家』スイッチ・パブリッシング、二九一頁

ナカムラ・コラム①　「自分をコントロールする人」と「他人をコントロールする人」

　ここでは、私が依存症について考えるなかで作ったマトリクス（四類型）を紹介します。「自分が抱えがちな感情（怒り・欲望／痛み・恐れ）」と、「その感情が向かう先（自己／他者）」とで、人々の傾向性を四つに類型化しました。

「痛み」には苦しみ、悲しみ、身体的な痛みや疲労、空腹なども含みます。「恐れ」には不安や緊張なども含みます。「怒り」にはうらみも含まれます。「欲望」には人や物を対象としたさまざまな欲求が含まれます。

　こうした怒り・欲望が「他者」に向かえばＤＶ（ドメスティック・バイオレンス）や虐待などの加害行動になり、「自己」に向かえば過度の飲酒や薬物使用になります。痛み・恐れが「他者」に向かえば他者を変えようとする過干渉や共依存になり、「自己」の身体や感情に向かえば摂食障害や自傷になるという意味です。

図1　コントロールの四象限《マトリクス》

「神ポジ」との関係で整理すると、他人に対して神の立場に立つのが「他者コントロール系」の人、自分に対して神の立場に立つのが「自己コントロール系」の人ということになります。大雑把な類型ではありますが、なんとなく、自分はどこのタイプかわかるのではないでしょうか。

　そして、この四象限からは、ある人がとる行動の元になる感情が見えてきます。

　自分のイライラを人にぶつけたり、自分の欲望を誰かを通じて満たそうとしたりする人はAタイプです。一見、暴力的に見えない人でもよくよく観察するとAタイプの場合もあります。

　子供のことにあれこれと口出ししてくるお母

さんはBタイプかもしれません。不安が取り除かれると、うるさいことを言わなくなる可能性があります。

自分に厳しく、いつも自分にダメ出ししている人はCタイプです。気持ちも体もコントロールしてしまいがちです。周囲に合わせて疲れてしまうのも、このタイプです。自分のなかの痛みや恐れを自覚し、自分を大切にできるとよいのですが……。

理不尽なことをされても、その場では我慢して、家に帰ってお酒を飲んで怒りを消している人っています。ある学生がこれを「アルコール消毒」と呼んでいました。彼らはDタイプです。我慢し過ぎず、適切な自己主張ができるようになると楽になるかもしれません。

もちろん、自分も他人もコントロールせずに、「いまを生きる」ことができている人もたくさんいます。依存症の回復支援施設でよく使われている合言葉に、「今日だけ（Just for Today）」という言葉があります。どうにもならない過去、どうなるかわからない未来に振りまわされるのはやめて、今この瞬間を精一杯生きようという意味です。

私が大学のいくつかのクラスでアンケートをとったところ、AからDのどれかにあてはまる学生から、「いまを生きる」ことができている学生まで、さまざまでした。それでもすべてのクラスでCタイプが一番多かったです。痛みと恐れが強く自分自身にコントロールが向かうタイプです。周囲に合わせて何かと我慢しがちな人たちです。

AとBの人は周囲の人の境界線に踏み込んでいきがちで、CとDの人は周囲の人から境界線に踏み込まれても我慢しがちです。

特に、Cタイプの人、Dタイプの人は、どうぞご自愛ください。

第2章　ネガティブは伝染する

親の愚痴

家族のことで苦しんでいる若者はたくさんいます。自分だけご飯を用意してもらえないとか、お風呂掃除をうっかり忘れるとお母さんが常軌を逸するくらい怒るとか、家で洗面所に行くだけでも「どこに行くの？」と聞かれるくらいお母さんが過保護で困っているとか。

こんなふうに、家族についての困り事はさまざまですが、家族の誰かがいつも怒鳴っている、ずっと愚痴を言っている、といったことはよくあります。家のなかでネガティブが吐き出され、ぐるぐると渦巻《うずま》いている状態です。私もまさにそんな渦巻きのど真ん中で育ちました。ネガティブを吐き出すのは、たいてい大人たちです。

ある日のお昼休みのことでした。私の研究室には何人か学生がいて、それぞれお昼ご飯を食べていました。すると、女子学生のFさんが仲の良い女子と話をしているあたりから、何かすごく嫌な気配が伝わってきます。少し離れた席でお弁当を食べていた私ですら「オッ」と思うほどで、私は「どどど、どうしたの？」と慌ててそばに行きました。

こうしてFさんの話を聞きはじめると、私の頭には、マーライオンが口から水を噴き出している映像がサーッと浮かびました。Fさんの口から勢いよく一気に愚痴があふれ出てきたからでした。Fさんの愚痴の源泉は、お母さんから毎晩のように大量に聞かされている愚痴でした。お母さんの愚痴の内容は、ほぼ一〇〇%お父さんに関するものです。

そんな日々で、Fさんの心は、もういっぱいいっぱいになっていたのだと思います。

愚痴というのは、聞く側が話す側を支える行為です。だから、ずっと愚痴を聞き続ければ、聞く側（支える側）の子供は苦しくなるものです。でも、怒鳴られたり、殴られたり、否定されたりするわけではないから、なぜ自分が苦しいのかわからないまま、長期に渡って親の愚痴や泣き言を聞き続けてしまうケースってあります。自分が親の愚痴を聞くことで家族がうまくまわっているから、「それで、いいんです」と話す若者もいました。

私も大人の愚痴を浴びながら育ちました。特に大人たちを支えている自覚もなく、それはいわば日常でした。私は一六歳の時に病院に入院していたことがあるのですが、入院先のベッドで母の愚痴を聞いていた時は、さすがに何か変だなとは思いつつも、疲れているから横にならせてほしいと言う母に自分のベッドまで譲りました。家の外まで、家族のネガティブは追いかけてきます。どこにも逃げられません。

でも、私は大人になっても、息子に愚痴を言うようにはなりませんでした。もちろん、私も困った時には誰かに支えてもらいますが、その相手は夫であったり知人であったり、ともかく相手はお互いに支え合える大人、つまりはヨコの関係です。だいたい、夫に何か不満があれば、夫本人に直接伝えられるのでそもそも愚痴にはなりません。

そんな私も自分のつらさを一方的に喋《しゃべ》りまくる場所があります。それは病院です。病院に行けば患者として自分の困りごとだけを一方的に訴えて、「先生は、疲れていませんか？　お体、大丈夫ですか？」なんて聞きません。これは健全なタテの関係です。

親子関係は、子供がある程度成長するまではタテの関係として、親が子を守る形が健康的です。子供たち、若者たちは、大人に支えられる必要がありますから。ですが、子供が親の愚痴を聞き続けるケースでは、子供が親を支える形になってしまいます。タテだけど上下の関係がひっくり返ってしまっているから、子供がしんどくなるのはあたり前です。

　誰かにしっかりと支えられているのであれば、ある程度の年齢になった若者が大人の愚痴を聞き、いくらか役に立ってもよいでしょう。誰かの役に立てる喜びってありますし。でも、愚痴を聞いている子供たちは、誰にも支えられないまま、一方的に大人を支えている場合が多いのではないでしょうか。愚痴る大人には余裕なんてありません。自分のことで精一杯だから、自分を支えてくれている目の前の子供の思いなど意識からとんでいます。そもそも、子供に適切な関心を向けられない大人もいます。

　こんなふうに、自分は支えてもらえずに大人を支え続ければ、その子は何か別のものに支えを求めるようになるか、支えを断念するしかなくなります。するとそこには、強迫観念の小人が繁殖します。つらい気持ちを消すためにアルコールや処方薬を摂取するようになると、その先には依存の問題が待ち受けています。支えを求めて夜の街を彷徨《さまよ》っていれば、悪い大人につけこまれる事態だって起きかねません。

Ｆさんの話に戻りますが、この時は、「それだけ毎日お母さんの愚痴を聞き続けていると、Ｆさんが参っちゃうよね」といった話になりました。

Ｆさんのお母さんも、実際、お父さんのことでかなり苦しんでいる様子でした。でも、Ｆさんだって娘の立場で苦しんできたんだし、大人のことは大人同士で片を付けてもらって、Ｆさんには大学生活を楽しんだり、就職活動を頑張ったり、年相応のやるべきことややりたいことに打ちこんでもらいたいものです。それで、「今日、お昼休みにここで起きたことをお母さんに伝えてみるといいね」と話しました。

その後、Ｆさんのお母さんの愚痴はかなり減ったといいます。時々は親子でお互いに愚痴を言いあっているとのことで、一年後には、彼女はすっかり明るくなり、もともとの前向きさや楽天的な性格が前に出てきて、大学では楽しそうにしていました。

このエピソードには、もうひとりの登場人物がいます。

それはＦさんの話を聞いていたＭさんでした。私がそばに行くまでＭさんはＦさんの話を「うんうん」と聞いていたので、私は「Mさん、大丈夫だった？」と聞きました。ネガティブな話を聞くと一緒になってネガティブになってしまう人もいるからです。すると「私は人の話を聞くのは好きだから、全然平気です」とにっこり笑顔で答えてくれたんです。それで、「でも、じゃあ、Mさんの話は誰が聞いてくれているの？」と聞くと、Mさんは家ではものすごくお喋りで、しかもお母さんとお姉さんがMさんの話を「ずーっと聞いてくれるんです」とうれしそうに教えてくれました。

こうして私は、「なるほど」と深く納得したのでした。

ドーナツ型家族VSあんドーナツ型家族

家という空間では、ポジティブな感情もネガティブな感情も増幅しがちです。だから、家庭って最悪な空間にもなるし、安心できるあたたかい空間にもなります。メンバーによって振れ幅が非常に大きい場所なのです。

職場では厳しい大人が、家では子供と一緒にはしゃぎまくってゲームをしているなんてこともあります。学校や職場で神経を張りつめている人も、家ではリラックスして安らいでいたりします。家のなかは平和で安全で、自分が守られている感じがします。

反対に、職場ではニコニコと過ごしている大人が、家の玄関を開けた途端に別人のように不機嫌になるなんてこともあります。すると家は、怒りや不満が充満したネガティブの巣窟のような場所になります。

「とにかく、家には帰りたくないんです」。こう話す若者の家では、大人が吐き出したネガティブがとぐろを巻いているかもしれません。夜遅くまで遊んでいるかに見える若者のなかには、家にいるとロクなことがないから、仕方なく外で過ごしている人もたくさんいるでしょう。外で遊びたいのではなく、家にいられないんです。

とはいえ、**不快な場所を「嫌だ」と感じ、「そこにいたくない」と感じられるのは心が健康な証拠**です。ネガティブな感情は伝染《うつ》りますから、そこから離れようとする心は健康そのものです。

私の父はもう亡くなりましたが、対外的には人あたりもよく、他者のことを悪く言うこともなく、正義感もある人でした。でも、家族に対してはいつも不機嫌で、しかも恐ろしく無関心でした。母は明るい人でしたが、父や親族に関する愚痴はやはりとまりません。怒鳴る父、愚痴る母。これで、ネガティブが渦巻く家族のいっちょうあがりです。

一六歳の私はアルミの大きなトランクを荷物入れに使っていて、そのトランクを見つめながら、いつかここを出ていきたいと夢見ていました。とにかく家が嫌でした。実際、家出をしたこともありますが結局お金が続きませんでした。経済力のない一〇代の若者にとって、家を出ることは難しいものです。家に帰りたくなくても結局帰るしかない無力感、家に帰ろうとすると体からぐったりと力が抜ける感じは、今でもよく覚えています。

父は家で不機嫌をまき散らすだけでなく、たとえば、何かをもらってくるといとこや近所の人にあげてしまいます。他人にはとても親切に振舞う人でしたから。

小学生の頃、父が野球の観戦チケットを笑顔でいとこにあげているのを見た時に、なぜ自分の子供にくれないのだろうと不思議に思いました。私は野球観戦にはまったく興味がなかったので、そのチケットはぜんぜん欲しくはないのですが、いとこにあげちゃう前に、兄や私に「ジャイアンツのチケット、いる?」って声すらかけてくれないことが、子供なりにすごく不思議でした。悲しいとかではなく、家族がいつも下に扱われることを不思議に思っていたのです。

大人になった私は、この現象を「ドーナツ型家族」と名づけました。

ドーナツ型家族では、真ん中の子供たちのところは空洞です。空洞ならまだマシで、そこには不機嫌や愚痴などのネガティブが日々ドバドバと大量に流れ込んできます。私が育った家が特別とも思えませんので、社会をぐるりと見渡すと、大切なはずの家族に不機嫌をまき散らし、見ず知らずの他人にやけに機嫌よく接する大人はそれなりにいるようです。大事にする順番が逆のような気がしますが、「外の人が大事なのです。家族であるあなた方に関心はないのです」ということであれば、家族としてはやりようもありません。「そんなことなら、家族なんか作らなきゃいいじゃん」と子供の側からすれば当然思うわけですが。

結局のところ、父は家族以外の誰かに承認を求め続けた人でした。いつまでたっても埋まらない承認欲求に駆り立てられ、家族は視界に入らなかったのでしょう。ドーナツの外側には、果てのない評価の世界が広がっていて、その海で父は溺れたのだと思います。

他方で、先ほどのMさんのご家庭のように、家族や身近な人を大事にするスタイルを私は「あんドーナツ型家族」と名づけました。あんドーナツの真ん中にはあんこがぎっしり詰まっていますから、あんこの詰まった真ん中が家庭だと心地良いでしょう。そこでは、自分がただ生きているだけで喜ばれます。何かができるからではなく、存在そのものが祝福されます。どんな自分も受容されるあんこの家族を心の拠《よ》り所にすれば、家族のメンバーは外の社会でさまざまな挑戦ができます。失敗したり嫌なことがあったりしたらさっさと家に帰ってあんこの中に潜《もぐ》り込み、元気を取り戻せますから。あんこは、人生で生じるさまざまなネガティブを吸収するバッファーとして機能します。

こんなふうに、ドーナツ型家族とあんドーナツ型家族の生活は恐ろしいほど違うけれど、外からは同じような「家族」に見えてしまうものです。

突然、別人になる人

ところで、相手によって態度が変わるのではなく、その場でいきなり態度が変わる人っています。

突然、別人になる人です。

私が子供の頃、親戚にやさしくて面白いおじさんがいて、私はそのおじさんのことが大好きでした。ですが、そのおじさんは突然怒鳴り出すという難題を抱えていました。親戚で集まると必ず誰かが怒鳴られていましたし、外に食事に行くとやはりお店の人を怒鳴りつけたりします。イツ、ナニで怒鳴り出すかまったく予想がつかず、ソレは何の予兆もなくある瞬間に爆発します。そして、楽しかったはずの集まりの後、虚《むな》しさと混乱だけが残ります。

大人たちは何事もなかったかのように見て見ぬふりをしていたけれど、私はずっと不思議に思っていました。それで、こうした人を見かけた場合はよく観察していました。すると、何かを話している時に、急に、何かにとり憑《つ》かれたように吐いて捨てるようにものを言う人がいることがわかってきました。

一瞬、別人になって悪態をつき、また、本人に戻る、という感じです。

ネガティブのスイッチが一気に入る人。私は彼らをこう理解するようになりました。

私がある高齢女性に結婚の報告をしにいった時のことです。私の結婚を祝ってくれている最中に、その女性は一瞬別人になって「結婚なんてっ、ロクでもないっ！」と吐き捨てるように言い、また、私を祝ってくれるモードに戻りました。

そのおばあさんが私を祝ってくれている最中に、彼女の胸のあたりからスッポンの頭がにゅっと出てきて「結婚なんてっ、ロクでもないっ！」と顔をゆがめて言うと、そのスッポンは頭を甲羅に引っ込める、まるでそんな印象です。さらに、おばあさん本人は、スッポンが出てきたことに気づいてもいない様子でした。

実際その方は、ご自身の結婚生活でかなりの苦労をされていて、結婚なんてこりごりと心底思っているようでした。ですが、その人がその人のまま結婚生活がいかに大変だったかを話してくれてもいいのに、突然、独り言のような言葉を吐くので、私はなにやら恐ろしいものを見てしまったようなゾッとするものを感じたわけです。

私が観察してきたスッポンの吐く言葉の特徴は、次の二つです。第一に、ほぼ独り言であり相手との対話が成立していないこと、第二に、吐き捨てるような短い言葉でありそれについての内容的な説明が一切ないことです。

何をしたら相手が怒鳴り出すかわからない場合、まわりの人は振り回され続けます。私たちが最も緊張を強いられるのは、何をしたら罰せられるかわからない予測不能の状況ですから。

でも、こちらの側の言動にまったく関係なく、ネガティブを吐き出してくる人っています。結局のところ、スッポンの餌はストレスや苛立《いらだ》ちや不快な記憶なのではないでしょうか。そうしたネガティブには、人を丸ごと飲み込む力がありますから。

別人になる人が相手の場合、彼らの言動は予測できません。ですが、彼らの吐き捨てる言葉が独り言に近いことを理解できれば、「あ、この人は、今ネガティブにとり憑かれているんだな」と相手と自分を切り離すことができ、彼らの言動に巻き込まれないですみます。

ネガティブって、次々と連鎖的に感染していきがちなので、感染しないですむ場面ではなんとかかわしていきたいものです。

体ごと乗っ取られる場合

私は講義のなかで長年自殺をとりあげていて、前年の自殺者のデータを資料に学生と自殺について考えてきました。いろいろな意見が出されます。死をごくごく身近に感じている学生も、すごく遠くに感じている学生もいます。

世間では、ある人の死が、「なにも、死を選ぶことはなかったのに」という口調で語られてしまうことがあります。現在、自殺は、①まず自分というものがいて、②その自分が死を選ぶ、という流れで理解されているからです。

でも私は、自死とは死を選ぶことばかりではないと考えています。どれだけあらがっても、何かにとり憑かれたように死に引きずり込まれてしまう。こう理解するしかない現象は、あちこちで起きています。たとえば自分の意志とは関係なく、電車を待っていると線路に吸い込まれそうになって怖かった、などと語られることがあります。ネガティブの力って、時として、ものすごく強いものです。

私もかなり強いネガティブに、死のふちまで連れて行かれたことがあります。死のふちで、私は死にたいだなんてまったく思っていませんでした。それだけははっきりしていました。私の場合は、一〇代のとても混乱していた時期、いくらか大人になってすごく怒った時に、最も死のそばに近づきました。ネガティブな感情に体ごと乗っ取られたのだと思います。

こうした経験を経て、私は、自死の一部はネガティブに飲まれたケースだと考えるようになりました。そしてこれは、自死に限った話ではありません。たとえば、自分がどれだけ家から外に出ようとしても、どうやったって体が動かない場合などもあるはずです。

ガラスの橋のたもとに連れて行かれて、この橋のガラスは絶対に割れないから安心して渡るようにと説明を受けたとします。橋の下は険しい峡谷です。はるか下には岩の合間をぬって水が流れているようです。峡谷に落ちることは絶対にないから大丈夫。安心して橋を渡ろう。頭ではこう理解します。でも、一歩踏み出そうとすると足はすくんで前に出ません。恐怖で体が動きません。

こんなふうに、頭（理性）と体（感情）は、ズレています。理性にはもちろん道理がありますが、感情だって理由があって生まれています。そして、理性が感情に飲み込まれれば、感情優位な状態が発生します。この時の感情がネガティブであれば、ネガティブは人ひとりを完全に支配してしまいます。理性ではどうにもなりません。

だから、**ネガティブに体を乗っ取られている時は、それが過ぎ去るまでの間の被害をいかに最小にするか。**自分を傷つけず、誰かを傷つけず、どう乗り切るか。これが現実的な課題になります。

大音量の音楽をイヤホンで耳に流し込み、頭に布団をギュッとかぶせて感情の嵐が過ぎ去るのを待つしかない。そんな時もあります。体中から生きる意欲が消え去り、闇に静かに吸い込まれそうになる。そんな時もあります。

それでも、生還は突然やってきます。ある瞬間を境に心は落ち着き、それまでの時間が嘘《うそ》みたいに、いつもの自分がそこにいます。なんとか耐えしのげば魔の時間は過ぎていきます。

誰しもネガティブに負けてしまうことはあります。けれども多くの場合、それは人が弱いのではなく、ネガティブの力が何らかの事情で相当強かったのだと私には思えてなりません。

気持ちは伝染《うつ》る

本章でお伝えしたかったのは、**ネガティブはそれ自体がエネルギー体のようにパワーを持っており、かつ、人と人の間で伝染るものだということ**です。

そばで誰かが怒られていると自分まで怒られた気持ちになるとか、テレビで悲惨なニュースを見ると自分も悲しくなるとか、緊張している人がいると一緒になって緊張しちゃうとか。そういう現象ってあります。

反対に、誰かが笑っていると何がおかしいのかわからないまま笑ってしまうとか、にこにこしている人を見かけるとつられてにこにこしてしまうこともあります。

ネガティブだけでなく、ポジティブもまた人から人へと伝播《でんぱ》します。感情は伝染るんです。

遠くの誰かの調子の悪さが玉突きのように次々と連鎖して雪だるま式に大きくなり、膨れ上がったネガティブが、偶然そこにいただけの誰かを飲み込んでしまうこともあるでしょう。他方で、みなさんの何気ない笑顔が、遠くの誰かに思いがけなくうれしい気持ちを運んでいることもあるでしょう。

そして、私たちが誰かに何かを相談したり助けを求めたりする時というのは、困っている時や嫌なことがあった時、つまり、ネガティブな状況に置かれている時です。だから、ネガティブの感染が起こりがちです。ネガティブの感染は「相談なんか、しなければよかったっ！」という現象を引き起こします。

次の章では、そのあたりをみていきたいと思います。

ナカムラ・コラム②　一人でいても埋まらない寂しさ

私の授業で「寂しさ」が話題になり、あるクラスで簡単なアンケートをとったことがあります。二五〇名（回答者二四二名）ほどのクラスの結果は次の通りでした。

ものすごく感じる（一九人［七・九％］）、かなり感じる（四二人［一七・四％］）、
時々感じる（一四〇人［五七・九％］）、ほとんど感じない（三七人［一五・三％］）、
感じたことがない（三人［一・二％］）、質問への回答をパス（一人［〇・四％］）。

いかがでしょうか。

八割以上の大学生が、日常のなかで寂しさを感じていることがわかります。

寂しさは、寂しさを埋めようとする行動を引き起こしがちです。お酒や処方薬、その他の不健康な行動で埋めようとしてしまう場合もあります。寂しさを抱えてい

る若者を見抜いて近づき、性、労力、お金を巻きあげようとする悪い大人もいます。

かといって、寂しいものは寂しいので、寂しさという欠落感があればそれを埋めたくなる気持ちはよくわかります。一〇代後半の頃、私もどうにも埋まらない寂しさを抱えて生きていましたから。

寂しいって、ものすごくつらいんですよね。胸のあたりに大きな穴があいているような感じでしょうか。喉がカラカラに渇いていて、水をごくごく飲んでも全然癒えない。そんな渇きのような寂しさが、私の胸の真ん中にいつもあった気がします。

今は寂しいと感じることがまったくないので、寂しさがある状態とまったくない状態の両方が、私にはわかります。

一〇代の私は、この寂しさは、自分を理解してくれる適切な人と出会い、お互いに理解しあえれば埋まるはずなのだけど、まだそういう人と出会えていないから埋まらないのだ、と思っていました。つまり、孤立感や寂しさそのものではなく、そ、、、、、、、
れを埋めてくれる相手の不在にフォーカスしていたんです。

だから、大人になっていつの間にか寂しさを感じなくなっても、大学構内でとて

も仲の良さそうな男女を見かけたりすると、彼らには若い頃の私が感じていた寂しさはきっとないのだろうなどと思い込んで、目を細めて勝手に祝福の眼差《まなざ》しを送っていたのでした。

ところが実際は、そう簡単な話ではなかったんです。

あるクラスには、男女のカップルが一緒に受講していました。彼らはものすごく仲が良く、授業が終わると、よく二人で私に声をかけてきて世間話をしていきました。大学以外でも二人はいつも一緒に過ごしているようでした。彼氏の方は物事をバッサバッサと切り捨てる毒舌君で、世界のアレコレが大嫌いでした。私はシニカルな彼の毒舌トークを毎週楽しみにしていたものです。その男子が彼女のことは本当に大切にしていて、そういうところも「なんだかいいな」と思っていました。

そんなある日のことです。

彼らのどちらか一方が「中村先生、寂しい、孤独」って言うんです。

私は驚いて、「えっ？　でも、いつも二人で一緒にいるよね？」って聞き返しました。そしたら「寂しいよね」、「うん、寂しいよね」と二人で顔をあわせてうなずきあっているんです。それで、私が「これだけいつも二人で一緒にいても、寂しさがあるの？」と聞くと、そうだと言います。

そして、自分たちは寂しさを埋めあっているのではなく、寂しさを抱えていることを理解しあう関係なのだと話してくれました。

こうして、私は「なるほど」と深く納得しました。

この二人が教えてくれたことは、「寂しさ」を抱えている人にはとても貴重な情報だと私は考えています。というのも、彼氏や彼女などのパートナーがいない状態で寂しさがあったり、パートナーがいてもその相手に理解されているとは思えない状態で寂しさがあったりする人は、「相手がいれば、あるいは、相手が変われば、この寂しさは埋まるのではないか」と考えがちなのではないでしょうか。

でも、仲が良く、お互いに好きで、お互いに理解しあい、大学も一緒で常に一緒に行動しているカップルでも寂しさを抱えているということは、ある種の寂しさは、特定の他者にも埋められない場合があるということです。

私は男子にすごくモテていた女子から「寂しい」という相談を受けたこともあり

ます。両親や友達との関係がとてもよい学生が「寂しさ」を抱えているケースもありました。

つまり、私の知る限りでは、彼氏・彼女といつも一緒にいても寂しい、モテても寂しい、両親と仲が良く友達に恵まれていても寂しい、ということになります。

この現象を授業で大学生に考えてもらったところ、「自分をいかに愛せているかが重要なのでは」とか「自己肯定感が高いと寂しさを感じにくいのでは」といったコメントをもらいました。確かに深い関係がありそうです。

その他、社会関係のなかで孤独や寂しさが埋まる部分もあると思います。学校やアルバイト先でちょっと頼りにされるなど、何気ない他者との関わりが寂しさを少しずつ減らしてくれる側面もありそうです。

その後、私は、自分の気持ちに共感してくれる大人がいない状態で育った人には独特な孤立感があることも学びました（参考図書を本書の読書案内で紹介しています）。

寂しさがとても苦しい時もあります。ですがそれは自分以外の誰かを求める心です。誰かに理解されたい、心を通わせたい、人のそばにいたいという健全な心です。

その思いが原動力になって、私たちは新しく誰かと出会ったり、一生懸命何かを伝えようとしたりします。

寂しさが生まれる背景も、寂しさの程度もさまざまです。それでも、**自分もまた誰かに求められているのだ、理解されたいと願っている誰かを理解することができる存在なのだ**ということに気づけば、自分や他者の見え方が、少しだけ変わるような気がしています。

第3章　相談なんか、しなければよかったっ！

困っている時に「困っている声」を出すと助けてもらえない現象を考える

その時、私は途方に暮れながら、スマートフォンを片手にイタリアの空港にいました。レオナルド・ダ・ヴィンチ国際空港です。

私はマルタ島で開催される依存症の国際コンベンションに参加するために、ダ・ヴィンチ空港からマルタ行きの便に乗ろうとしていました。コンベンションへの参加者らしき人もチラホラいます。飛行機は予定通りにマルタ島に向けて飛びます。

でも、さあ乗ろうとしたら、飛行機に乗せてもらえないんです。

そうです。それは、二〇二〇年三月初旬のことでした。

新型コロナウイルス感染症のため、マルタ島の住民《レジデント》が島に帰るケースを除き、急遽《きゅうきょ》、誰も飛行機に乗せてもらえなくなったのでした。

コンベンションへの参加は諦めるとしても、私はマルタ国際空港からドイツを経由して日本に帰国する予定で復路チケットを購入してありました。だから、マルタ島に行けないと日本への帰国便に乗れなくなります。

どうやって日本に帰国しよう。これが問題でした。

世界中を優雅に飛びまわる大学の先生っていますけど、私はそんな素敵な国際派ではありません。海外なんて滅多に行かないのにこんな事態を引き当ててしまいました。空港には行き場をなくした人がたくさんいて、何かの長い行列を作っていたり、大きな荷物を脇に置いて床にへたりこんだりしています。

私は空いているベンチを探して座ると、帰国便の航空会社に電話をかけることにしました。

海外の航空会社でしたが電話には思いがけなく日本人女性が出たのですごくホッとしました。外国でまるでお味噌汁《みそしる》を飲んだような安心感です。安心して私は、「このままでは日本に帰国できないんですけど、どうしたらいいでしょうか」と聞きました。

ですが、その女性はいかにも面倒くさそうなイライラとした受け答えしかしてくれません。私が勝手に味噌汁的安心感に浸っているのとは対象的に、対応がものすごく冷たいんです。というか今にも電話を切られてしまいそうな気配です。もしかしたら、問い合わせの電話が殺到していて、混乱のなか彼女は苛立《いらだ》ちすべてにうんざりしているのかもしれません。

でも、私にはどうしても情報が必要でした。この通話はいわば私のライフラインです。簡単に切るわけにはいきません。事態は切迫しています。

その時のことでした。

困った声を出すと、助けてもらえない。

私は瞬間的にこのことを理解しました。

それで、すぐさま声から感情を抜きとりました。私の声には困っている時の切迫感が乗ってしまっていたからです。感情が声に乗っているバージョンが「こ、こ、こまってますぅ〜。た、た、たぁすぅけぇてぇ〜」という感じだとすると、感情を抜いたバージョンは「ご対応、ありがとうございます。帰国便について、教えていただけないでしょうか（キリッ）」といったところです。その上で、「この先も、お世話になるかもしれませんから（キリッ）」と彼女の部署とお名前もしっかり聞きました。

するとと瞬時に、その女性はイライラとした対応をやめたんです。こうして私はひとまずの状況を教えてもらうことができました。

彼女の話は、内容的には「自分で片道チケットを買って勝手に帰国しやがれ、乗れなかった便の飛行機代については一切知りませ〜ん、がちゃん」みたいなものでしたが、私は特に不快な思いもせずに「ふんふん」と必要な情報を入手できたのでした。

困った声を出すと助けてもらえない確率がグンと上がる。

混乱している空港でのごく短い電話のやりとりのなかで、私はこのことに、天啓《てんけい》を得たかのごとく気づいたのでした。

相談したり、助けを求めたりした結果、助けてもらえるどころか、面倒くさがられてしまう。イライラされてしまう。怒られてしまう。説教されてしまう。こうした現象を本書では**二次被害**と呼びたいと思います。二次被害は、いたるところで起きており、私たちを苦しめている現象です。

もともとの困り事よりも、それを誰かに伝えた時に起きた二次被害の方がつらかった、という場合もあるでしょう。困っている時に助けてもらえないと、奈落の底に突き落とされたような気持ちになるものです。しかも、両親や学校の先生、親しい友達など、**自分を守ってくれると思っていた人から二次被害を受けると、それはもともとの被害以上に、私たちに深い傷を残します。**

つらい時、なぜ私たちはそれを人に話したくなるのか

私たちは嫌なことがあった時やつらい時に「誰かに話を聞いてほしい」という状態になります。誰にも何も話さないですむのなら、そもそも「相談なんか、しなければよかったっ！」という事態は発生しませんから。

では、なぜ人はつらい時や苦しい時にそれを誰かに話したくなるのか。これについて私は「足の小指理論」で考えることにしています。

足の小指を机の角などにぶつけると、「イッター、痛い、痛い、イタイッ！　イタイ

ッヨー!」と叫んだりしますね。ともかく声が出る。そうしてイタイイタイと騒いでいるうちに、痛みは次第に緩和されていきます。

それと同じで、**つらい時や苦しい時には人はそれについて語りたくなるもの**なのです。高尚《こうしょう》な言葉で表現すると、「痛みは語りを喚起《かんき》する」といったところでしょうか。その人にとって苦しかった出来事は、そのまま語られるだけでなく、文学や学問、音楽やアートで表現されることもあります。ソーシャルメディアでのつぶやきから文学作品、学術研究まで、世界は痛みの語りで溢《あふ》れているといえるでしょう。

逆に、苦しいけれど誰とも話したくない時もあります。その時期を私は「絶句期」と呼んでいます。足の小指をぶつけた時も、あまりにも痛いと私たちは声すら出せずに、絶句したままじっと床にうずくまっているものです。

絶句期も状況によってさまざまです。

今はそっとしておいてほしい場合、「今は、そっとしておいてください」というメッセージが暗に他者に発せられているので、これは人間関係のなかでの絶句といえます。

他方で、心が閉じる、ということもあります。心が閉じると話したい気持ちそのものがなくなるので、これは人間関係から離脱したところでの絶句といえます。

　私もある瞬間に心が閉じた経験が何回かあります。シャッターが上から下へと一気に音もなくストンと勢いよく降りた感じ、とでもいうのでしょうか。「ストン現象」は、衝撃的なことを聞いたり経験したりする時に起こるのだと思います。

　もう少しゆっくりと心が閉じていくこともあります。ある人との会話や関わりのなかで、話そうという気持ちがだんだん削《そ》がれていく感じです。そこには「話しても、無駄だろう」という諦めの感覚があります。

　衝撃的な出来事や他の人には理解してもらいにくい特殊な出来事に遭遇した人のなかには、一気にであれ、ゆっくりとであれ、心が閉じてしまう人がいます。

　心が閉じた状態のまま、学校や職場では普通に過ごしている人もいることでしょう。静かな諦めに包まれた彼らは、にこにことしていることすらあるはずです。外から見るだけでは、人の心の状態はわからないものです。

　こんなふうに私たちは、痛みを感じた時、それについて話したり、時には心の奥底に引きこもったりしつつも、さまざまな形で表現します。だから、イタイと言ったからといって痛みがどうにかなるとかならないとかではなく、そもそも、イタイと叫ぶのが私たちなのだ、という前提で現実に対処していく必要があります。

足の小指をぶつけて「イタタタタッ」と叫んでいる時に、「注意しないから足をぶつけるのです」と説教されても気が滅入《めい》ります。注意していてもぶつけることはありますので。「気のせいです」とか「気の持ちようです」と言われても困ります。現実的にすごく痛いわけなので。

「そんなこと言っても仕方ないだろっ！」とか、「注意しないからいけないんだっ！」とか。そういう責めたてる言葉って、結局のところ「うるさいっ！」と言いたいだけのことが多いんです。それだったら、「うるさいですよ」と直接言われた方がずっとマシだと私は以前から思っていました。誰かが痛がっていたり困っていたりする場面で「うるさいなぁ」とか「湿布とか持ってくるの、面倒くさいなぁ」と思っていても、そうも言えないものだから、その苛立ちが「注意しなさいっ！」みたいなお説教として表現され、説教される方はたまらない、という状況が生まれている場合もあります。

こんなふうに、つらい時には誰かに話したくなるものなのに、現実にはうまく話を聞いてもらえる場ってあまりないです。あまりないなんて控えめに言いましたけど、全然ないといった方が、現実を正確に表現できているでしょう。

二次被害

何かを相談する場面には、さまざまな困難が待ち受けています。相談する側の立場からみても、ざっと四つくらいのパターンを思いつきます。

まず、**面倒くさがる人**がいます。困っていることを伝えると、あからさまに嫌がられます。なお、ある人からの相談を面倒くさがる人が、別の誰かからの相談を喜んで受けることもあります。たとえば、家族からの相談事は面倒くさがるけれど、職場の人の相談事は喜んで受ける人もいます。

次に、**タイミングが悪い**場合があります。相手にどれだけ助ける能力や意欲があったとしても、忙しい時や時間がない時に突然助けを求められればうまく対応できません。タイミングも日常の一部であり、そうした事態も込みで生活はまわっていきます。

そして、**知識や技能が不足している人**がいます。やさしさや親切心があっても、助ける技術や知識がなければ、誰かを助けることはできません。助けを求めて事態がさらに悪化した場合、相手が不親切なのではなく、技術や知識がない場合もあるわけです。現在、多くの人は相談や援助に関する知識も技術も持っていません。私たちはたいてい相談することもされることも、おおむね下手なものです。

最後に、**感情的になる人**がいます。誰かに何かを頼まれたり、相談されたりすると苛立ってしまう人です。こういう人に対して、困った声を出して助けを求めたり、感情を乗せたまま相談したりすれば、かなりの確率で二次被害にあいます。面倒くさいから苛立つ、タイミングが悪くて気持ちに余裕がないから苛立つ、知識や技能が不足しているから苛立つ、というように、ここまであげた三つの理由で感情的になる場合もあります。

そして、以上の四つは、相談された時に私たちの側に発生することでもあります。私たちは誰もが、①面倒くさがり、②タイミングが合わないこともあり、③知識や技能は不足していて、④感情的になってしまう存在なのです。

だから、人をうまく助けることができず、助けてもらうこともできず、誰もが日々、二次被害の被害者になったり加害者になったりして暮らしているのが現状です。

でもここからざっと逆算すると、二次被害にあう確率をグッと減らせます。面倒くさがらずに対応してくれそうな人（①）、知識や技能が足りていそうな人（③）、感情的になりにくそうな人（④）を見つけて、彼らに適切なタイミング（②）で相談をすればいいわけです。

この四つの条件を理解していれば、これらを満たしてくれる人の存在に気づけます。そして、大切にしている人が困っている時に、自分が何をすればいいのかもわかってきます。

私自身は、困った時に助けてくれる大人のいない二次被害だらけの環境で育ちましたが、社会に出てみるとちゃんと助けてくれる人は実在しました。今まわりにいなくても、この世界に、助けてくれる人は存在します。本当です。

相談上手・相談され上手については第5章でお話しするとして、本章ではさらに二次被害について考えていきたいと思います。

ネガティブに蓋をする社会

ごくたまにですが、私の授業後のコメントに、人生で起きたことについての「うらみつらみ」をびっしりと書いてくる学生がいます。ただしこの時「すみませんが書かせてください」と遠慮の言葉で始められていたり、「ありがとうございました」といった感謝の言葉で締めくくられていたりします。ここからは、自分が抱えているうらみを話すのは相手にとっては迷惑なことだ、と彼らが考えていることがわかります。さらに、「これは誰にも話したことがありません」と書かれている時もあります。ここからは、**若者たちはうらみをひとりで抱え込んでいる**ことがわかります。

私が読んできた限りのうらみでは、若者側に落ち度はなく、彼らは純粋な被害者だと思われるケースばかりでした。加害者は主に親を含めた大人です。それでも、彼らはそれを誰かに訴えることなく、ひとりで抱え込んでいます。

おそらく、「仕方ないよ」とか、「もう昔のことじゃん」とか、「怒るだけ損」とか、

「重い」などの言葉がこの社会に満ちていることを、彼らはすでに知っているのでしょう。実際に、誰かに直接言われたことがある人もいるかもしれません。

だから、もう言わない。

今の社会環境は、何かの被害にあっても、何事もなかったかのように振舞わないと余計にひどい目にあう状況に満ちています。被害を伝えると非難されたり差別されたりすることすらあります。

つまり、「うらみ」や「許せない」思い、「つらさ」や「苦しさ」などのネガティブをなきものとしようとする社会のなかを私たちは生きているのです。その痛みは確かにそこにあるのに、その思いは否認され無視され非難されます。

もちろん、感情には他者に向けて表出されるべきではないものがあります。それは他者を害するものです。**他者を害する感情をコントロールするのは、他者への配慮という社会性**です。

たとえば、アンガー・マネジメントという言葉があります。これは怒りをコントロールすることです。そして、怒りのコントロールというと「怒り」に注目してしまいがちです。でも、「怒り」自体は悪いものではありません。それは必然性があって私たちの心に立ち現れてきます。しかも、怒りは社会生活を送るために必要な感情です。怒りの感情を失ってしまえば、守るべきものも守れません。怒って、自分を守れ。怒って、誰かを守れ。私たちが怒りを失えば、ズルい人、悪い人にやりたい放題やられるだけです。

こう考えていくと、アンガー・マネジメントで目指されるべきことは、怒りの抑圧などではなく、自らの感情によって周囲の人を害さないという社会性を身につける点にあることが明確になります。

他方で、何かの被害にあったり、理不尽なことをされれば腹が立ち、つらくなるのは健康的な反応です。それは、ひとりで抱え込むのではなく、誰かに受けとめられていくとよいのです。**つらい時に他者に助けを求めるのは、他者への信頼という社会性**です。気持ちを受けとめてもらえる環境で過ごせば、私たちは他者を配慮しつつ他者を信頼し、助けたり助けられたりして生きていけます。

ですが、気持ちを受けとめてくれる大人がいない環境で育ったり、気持ちを否定され続けてしまったりすれば、他者への配慮ができなくなって他者を害するか、他者への信頼が育たずにネガティブをすべて自分のなかに抑え込んで自分を害するか、どちらかに偏っていってしまいます。

私はこれまでの調査研究のなかで、犯罪者を含めて他者を害してしまうタイプの人から話を聞く機会がずいぶんとありました。その時、犯した罪についても、なぜ、どうして、どのように行ったのか聞きました。そこには外からだけではわからない事情と、時にはとても悲しい背景がありました。

他方で、日常的な場面で圧倒的に多いのは、学生を含めて自分を害してしまうタイプの人との関わりです。そこでここからは少し、自分を害してしまうケースをみていきたいと思います。

私の敵は私

ある六月の夕暮れ、家の近所の踏切で遮断機が上がるのを待っていた時に、急にムクムクと腹が立ってきました。その前の月に起きたことを、私は思い出したのでした。

私の理性は「たいしたことないじゃない」とか「別に、何かを失ったわけでもないし」とまったく怒っていません。そんなことより、晩ごはんのメニューでも考えたいところです。だいたいスーパーマーケットでお買い物をした帰り道でしたから。そんな私の思いとは裏腹に、体の方は腹を立てています。理性を飛び越えて体が勝手に怒っています。

それでその時、私は自分を斜め上の方から冷静に眺めつつ、「うん。今、症状が出ているんだな」と思うことにしました。そうして、数本の電車がガタンゴトンと目の前を通過していき、遮断機が上がると、頭は怒っていないのに体が怒っている分裂状態のまま踏切を渡りました。

「怒っても仕方ない」。「怒るだけ損」。「怒りを手放す」。こうした言葉は聞いたことがあると思います。そう書いてある本も世の中にはたくさんありますから。でも、そんなことはとっくにわかっている場合も多いのではないでしょうか。さらにいえば、踏切前の私のように、理性ではまったく怒っていないのに、体に怒りの反応が出ることすらあるわけです。

こういうことを過去にも何度か経験して、私はつらさや悲しみ、怒りや許せない気持ち、あるいはその他さまざまな感情を、ある種の「症状」と見なすようになりました。「私が腹を立てる」のではなく、「腹が立つという症状が、一定期間、私に発生する」といったところです。私が能動的に怒っているのではなく、いわば怒るという状態に受動的に巻き込まれている状態です。

嫌な出来事が起きるとこうした症状が生まれ、苦しみます。それでも、症状は時間とともに緩和していきます。風邪でいっとき高熱が出ても次第に下がっていくのと同じです。

熱が出ている時、体のなかでは免疫細胞がウイルスと闘ってくれています。悪いモノをやっつけてくれています。こんなふうにネガティブを「症状」としてとらえると、たとえば、私の体は私を守るために怒ってくれていることがわかってきます。すると、熱が出ている時に、「熱を出しても仕方ない」、「熱を出すだけ損」、「熱を手放す」と言われても、そんなことは無理だということがよくわかります。むしろ、しっかり熱が出ないと困ってしまいます。熱が出ているならば体を休めたり水分をとったりといった対処も必要です。

こんな話をするのは、私自身が長年、怒ることはよくないことだと単純に思い込んできたからです。あれやこれや理由をつけては「怒っても仕方ないじゃないか」と自分を説得し、その感情をなかったこととし、さっさと蓋をしようとしてきたからです。偉人や聖人の本を大量に読み、怒りにとらわれる自分の未熟さを責めたこともあります。

ですが、私のために怒ってくれている体、怒りを表現している体こそが私の味方でした。その味方を敵にまわして、自分自身に寄り添えていなかったのは理性の私、この私自身でした。

時と場所をわきまえずに感情を暴発させるのは社会性がなく問題ですが、**自分で自分の感情を消し去ろうとするのは自己否認**です。

こうして、誰よりも私自身が私の味方になれていなかったことがわかったのでした。

誰よりも私に二次被害をあたえていたのは、私でした。

「そんなことで怒っても仕方ないじゃん」、「もう終わったことだし」、「自分にだって落ち度はあったじゃない」、「世の中そういうもの」、「自分の感じ方がおかしいんじゃない？」、「まだこだわってるの？」、「我慢、我慢」。

こんなふうに、私たちは自分の心のなかで、ネガティブをなきものとしようとします。怒りやつらさを誰かに話せば二次被害にあい、自分で自分にも二次被害をあたえてしまう。すると、私たちの怒りや悲しみは、行き場をなくします。でも、感情は何か理由があってそこにあるのだし、そもそも理由がないままそこにあったとしても別にいいわけです。

自分のために心と体が動いてくれているのだと思えば、不安も悲しみも怒りも、忌まわしいものと思わないようになります。痛み、恐れ、怒り、欲望を感じたら「よし、いいぞ。自分、生きてるぞ」と声援を送ることができます。「こんなことを感じる自分は、おかしいのかも」という自己否定の思いが湧《わ》いてきても、「大丈夫、合ってる。私の感じ方は、合ってる」と自分を信じて励ますことができます。

すると、**どのような感情であれ誰かを傷つけず、自分を傷つけず、つまり社会性を損なわない範囲で表現するという課題**がおのずと浮かびあがってきます。

爆発でもなく、我慢でもないところで、感情を表現していけるとよいのです。そして、爆発の裏にあるものだって我慢です。
みなさんの我慢も緩むといいですね。若者ってすごく我慢してますから。

「変えられないもの」と「変えられるもの」

私は中学生の時に、特に痩《や》せたかったわけでもないのにたまたまダイエットを始めてしまい、そこから摂食障害になりました。高校時代は過食・嘔吐《おうと》をしていましたが、二〇歳になる頃には普通に食事ができるようになっていました。
その後、自分以外の人はどのように回復しているのだろうと考え、二〇代の大学院生時代は、摂食障害の回復者たちに話を聞いてまわりつつ、摂食障害について考えて過ごしました。[*4]
三〇代になると、薬物依存のリハビリテーション施設や依存症の回復コミュニティで調査研究を行うようになり、依存症について考えながら過ごしました。[*5]
そして、この一〇年近くは教師として学生からいろいろな話を聞きつつ、自分や周囲の人たちのネガティブをじっと観察して過ごしました。

こうして振り返ると、これらすべてに共通するキーワードは「意志の力」です。まず、摂食障害とは、「意志の力」で食欲を抑えて、自分の体をコントロールしようとする行動から生まれます。摂食障害といっても人によって本当にさまざまですが、そこでは多くの場合、「痩せていようとする〈思考の私〉」と「生命維持をしようとする〈身体の私〉」の対立が起こっています。〈思考の私〉が食事制限をして体の栄養が足りなくなれば、〈身体の私〉は過食衝動のかたちをとってでも、なんとしてでも体に栄養をとり込もうとします。

次に、依存症とは、本人の力でなんらかの行動をとめられなくなっている状態です。アルコールや薬物の摂取、ギャンブルやダイエットなどの行動は、それを続けていると自分の力でとめられなくなることがあり、この状態が依存症です。だから周囲の人から「やめなさい」と言われたところでどうにもなりません。それなのに、周囲の人も、本人までも、「意志の力」で酒も薬物もギャンブルもやめられると思い込んでいたりします。

そして、ネガティブです。怒り、悲しみ、恐れなどの感情は嫌なもの、困ったものとして封じ込められがちですが、感情もまた「意志の力」で抑え込むことのできないもののひとつです。

ここで起きていることはすべて、〈思考の私〉と〈身体の私〉との対立です。思考の私が「意志の力」で身体や感情を支配しようとしては、失敗しているケースです。こうして摂食障害、依存症、ネガティブを見つめ続けてきた結果、私たち現代人は「意志の力」では変えられないものを無理やり変えようとしては苦しんでいるのだ、ということに私は気づいていきました。「意志の力」って、言い換えれば「我慢」のことです。

意志の力を強く持ち、自分を律して目的を達成する。こうした姿勢は現代社会ではよいものとされています。でも、どうしたって変えられない対象はたくさんあります。変えてはいけないものだってあります。それにもかかわらず、「自分や他者や状況をコントロールして望ましい状態を達成せよ」というメッセージを全身に浴びて育つ私たちは、無理に何かを変えようとしてはあちこちで問題を起こし、苦しみ続けます。この社会は、私たちが思っている以上に「意志の力」への信仰に満ちています。

他方で、変えることが困難なこと、周囲の人には「無理だよ」と言われることにも果《か》敢《かん》に挑戦していく姿勢には、新しい現実を生み出す力があるものです。人間にはたくさんの可能性が秘められており、現代社会で考えられている以上に人類にはまだまだ幸せになる力がある。私はそう考えます（ナカムラ・コラム⑤を参照）。

つまり、**今、私たちが変えられると思い込んでいるものは、実際は変えることができないものであったり、今、私たちが変えられないと思い込んでいるものは、本当は変えることができるものであったりする**ということです。

だから、ここで決定的に重要になるのは「変えられないもの」と「変えられるもの」の見極めです。

たとえば、私が長らく関わってきた依存症の回復コミュニティでは、次のような「平安の祈り」が広く唱えられています。

平安の祈り

神様、私にお与えください
変えられないものを受け入れる落ち着きを
変えられるものは変えていく勇気を
そして、二つのものを見分ける賢さを

変えられないものを無理に変えようとし続けることは支配に通じ、変えられるものがあるのに何も行動しないことは可能性を閉ざします。そして、どちらも私たちを苦しめます。

私は「平安の祈り」をこれまで繰り返し読んできたので、ソラで唱えられます。最近では、この祈りが、現実を見つめて受け入れ、希望の道を歩みなさい、という励ましのように聞こえるようになりました。

言いっぱなし、聞きっぱなし

私が関わってきた依存症の回復コミュニティでは、意志の力でお酒や薬物をやめましょう、なんてことは一切言われません。まったく逆で、回復コミュニティで最初になされるのは、自分の力では酒（薬物・ギャンブル）をやめられない、という無力を認めて、それを受け入れることです。ここでの無力とは、「意志の力では、それをやめることはできない」という現実をしっかり認識することを指します。

現代社会では、「意志の力を強化して」いくタイプの生き方が称揚され、私たちも日々、意志の強い自分になろうとしているのではないでしょうか。ですが、まさにその「意志の力を手放して」いこうとするのが依存症の回復コミュニティです。

では、意志の力を頼らない場所、意志の力に頼れない場所では、いったい、何が行われているのか。

それは、**語ること**です。

感情もそれ自体生きた生命体です。その勢いが強い場合は、自分や他者を害してしまいます。自分を害する行動には自傷や飲酒、薬物や処方薬の乱用なども入ります。だから、勢いの強い感情は、自分や他人を傷つけない安全な方法で受け流していくことが必要になり、そんな時、安全な空間で、その気持ちを語ることには効果があります。

回復コミュニティにはミーティングという活動があって、これは参加者が順番にただ自分のことを話していく集まりです。そしてこのミーティングにあるのが、「言いっぱなし、聞きっぱなし」というルールです。

同じ苦しみを経験した仲間に自分の思いをただ話し、否定せずに聞いてもらう。この繰り返しのなかで、たくさんの人が回復していきます。回復したくなくたって、回復したくない思いを話せます。回復は別に義務ではありませんから。

ミーティングでは、社会一般で良いとされることを語っても誰からも褒められません。社会一般で悪いとされること、許容されにくいこと、過去に犯した罪、心のなかにある醜い思いを話しても悪い評価も受けません。誰にも責められず、説教もされません。

こうしたミーティングを、社会学者の野口裕二先生は「評価と査定のない空間」[*6]と呼びました。ここでは、自分を大きく見せる必要もないし、誰かの顔色をうかがう必要もありません。評価も査定もない空間では、自分を偽る必要がないので、語りは次第に、正直なもの、自由なものへと変化していきます。

それでも私たちは、人の前では、あるいはひとりきりの時ですら、本当の意味で正直にはなれないものです。正直になるってすごく難しいものです。たとえば、嫌だと思っていても断れない、本当は違うと思ってても相手にあわせてしまう、つらくても平気な顔をする、傷ついていても強がる。これらも不正直に含まれますから。

不正直は、私たちの存在と分かち難く結びついているので、自分で気づけないこともあります。みかんの皮を剝《む》けばみかんの中身が出てきますが、正直なるものが真ん中にあって、そのまわりを皮のように嘘《うそ》がおおっているわけではありません。自分にとっての正直な状態とは、長い時間をかけて見出《みいだ》していくものであり、その時々で変わるものでもあります。

こうしたことを理解すると、私たちの日々の生活がいかに評価と査定に満ちているかが、逆説的に浮き彫りになってきます。私たちは、日常のちょっとした会話ですら、人からの評価を気にしながら調整して生活しています。極端な場合、目に見えない他者の評価に合わせて、人生そのものが丸ごと生きられてしまいます。

だからこそ、評価も査定もない空間で人は楽になり、変わっていくことができます。

これまで私はいろいろな場所でミーティングに参加してきました。オープンミーティングであれば、基本的に誰でも自由に参加できます。

たとえば、デンマークのコペンハーゲンでミーティングに参加したことがあります。一二月の寒い日で、会場に着く途中で小雨も降ってきました。地図を片手に古い建物の脇を抜け、橋を渡り、市街を迷いながらなんとか会場のアパートメントを見つけて扉を押すと、室内は暖かく、大きな木のテーブルの上ではクリスマスのキャンドルに火がともされています。参加者は私を含めて七名ほどでした。熱いホットコーヒーを飲みながら、順番に話をしていきます。途中でクッキーやチョコレートもまわってきます。日本から来たという話をすると、帰り際に「いつもだったら日本人のメンバーが一人いるんだけどね、あなたが来たことを伝えておくね」と声をかけてもらいました。

回復コミュニティのミーティングは世界中で毎日のように行われていますが、「言いっぱなし、聞きっぱなし」のルールはどこでも共通です。評価も査定もなく、ただただ自分の話をして、ただただ仲間の話を聞く場所は、国や地域に関わらず、人が生きていくために必要とされています。

今はまだ、人々の心の理解とケアは未発達な段階にありますが、この先、つらい気持ちの解明は進み、人と人が支え合える環境が社会全体で整っていくはずだと私は信じています。

とはいえ、私たちがいま生きている現代社会では、ネガティブには蓋をされがちです。誰かに相談をしたり、つらい気持ちを話したりする場面では、残念ながら、さまざまな二次被害が起きていることを本章ではみてきました。

そこで次の章では、相談する相手が見つからない私たちのために、ナラティヴ・セラピーという心理療法について学んでいきます。そのなかでも、特に「問題の外在化」という技法をマスターしたいと思います。

問題の外在化とは、いわば問題を「妖怪」と見なして、その「妖怪」に対抗していく方法です。

注

＊4　中村英代、二〇一一『摂食障害の語り――〈回復〉の臨床社会学』新曜社
＊5　中村英代、二〇二二『依存症と回復、そして資本主義――暴走する社会で〈希望のステップ〉を踏み続ける』光文社
＊6　野口裕二、二〇〇二『物語としてのケア――ナラティヴ・アプローチの世界へ』医学書院、一六七頁

ナカムラ・コラム③　何を話すかは、その人が誰であるかを表している

私たちは困ったことが起きるとそれについて調べたり、解決をしようとしたりします。その時、何を読むか。どこに行くか。誰に相談するか。これらは、その後の問題の行方《ゆくえ》を大きく左右します。

ここでは、中学生の娘が急に痩せてきて心配したお母さんがいろいろな人に相談する、というケースを想定してみます。もちろん、現実的には、誰かに相談する前にまずは本人に話を聞いてみるのでしょうが……。

さて、いろいろな人に相談してみました。すると、こんな答えが返ってきました。

「体の検査をしましょう」内科医
「カウンセリングを受けましょう」カウンセラー
「薬を出しておきます」精神科医

「いじめがないか確認しておきます」教師
「先祖に問題があるから供養をしましょう」祈禱師《きとうし》
「痩せていることをよしとする社会に問題があります」社会学者
「年頃なんだし、ほっておきなよ」夫
「わたしもダイエットしてます！」娘の友達

ひとつの現象に対する見方って、たとえばこんなにたくさんあるんです。しかもこのなかに正解がひとつだけあるとは限らず、そもそも正解はないかもしれません。そして、どの立場も、ある人には役に立ち、別の人には役に立たなかったりします。

こうしてズラリと並べてみると、誰に相談するかによって、問題の定義とそれに対する対処法は恐ろしいほど変わることがわかります。本当に、恐ろしいほど変わります。誰に相談するかで、まったく違う解決法が示される。これは現実でもたびたび起こることです。というか、むしろ、「そういうもの」と思っていた方がいいでしょう。

だからここでは、**ある現象を、どのように定義し、解釈し、物語るかは、その語り手が何者であるかを語っている**ことをしっかりと理解しておきたいんです。何が（What）語られているかだけでなく、誰が（Who）語っているか。このことを意識すると見えるものがあるからです。

その人の立場が話の内容を決めている部分って大きいものです。逆に何を話しているかでその人がどういう人かがわかることもあります。

ですので、相談場面に限らず日常のなかでも、何かを言われた場合、「内容」だけではなく、「誰が」言っているかにも注意するとよいでしょう。

また、ある人の言葉ではなく、その人が実際に何をしているかを見ていくと、その人が本当は何を考え、何を大切にしているかが透けて見えてくることもあります。

やさしい言葉を毎日スマートフォンにたくさん送ってきてくれるけど、忙しいからと全然会ってくれない恋人もいます。特にやさしい言葉をかけてくれるわけではないけれど、時間を作っては何かと会いにくる恋人もいます。

でも、行動には、本心が出やすいものですよね。

第4章　問題を〈妖怪〉と見なす技法

言葉が現実をつくる

突然ですが、今みなさんは、山登りをしているとします。山頂まで半分のところで、ちょっと疲れてきました。そんな時に、「まだ、半分しか登っていません」と言われると、ぐったりとした気持ちになるかもしれません。まだまだこの先も歩かなくちゃいけないのか、と。他方で、「もう、半分も登りました」という言葉を聞くと、少しだけ明るい気持ちになるかもしれません。がんばって歩くか、と意欲も湧《わ》いてきます。

山登りなので水筒を持っています。貴重な水です。「水は、もう半分しかありません」と言われると、緊張や焦りの感覚がわずかに生まれるのではないでしょうか。他方で、「水は、まだ半分あります」という言葉を聞くと、なんとなく安心するのではないでしょうか。

ここからわかることは、**言葉というものが私たちの感じ方や考え方に大きな影響を与えている事実**です。そして、感じ方、考え方は、行動にも影響を与えます。言葉、感じ方、考え方、行動。これらは連鎖的につながっていきます。

私の専攻である社会学には社会構成主義《しゃかいこうせいしゅぎ》という考え方があって、この立場では、言葉や対話が現実を創造すると考えます。この考えですと、新しい言葉を使い、これまでと違う方法で対話をすれば、そこから新しい現実が生まれることになります。そのため、心理療法の領域にも大きな影響を与えてきました。心理療法とは、いわば対話によって人々の現実をよりよいものへと変えていく営みだからです。

そして社会構成主義に基づく心理療法のひとつが、本章でとりあげていくナラティヴ・セラピーです。一九八〇年代にセラピストのマイケル・ホワイトとデビット・エプストンが提唱しました。

ところで、心理療法では、クライアントはカウンセラーに困り事を相談します。それはみなさんもご存知の通りです。

ですが「相談する相手が見つからない」というのが本書のテーマのひとつでもあります。カウンセラーであれ誰であれ、相談相手がささっと見つかるのであれば、私たちだって苦労しません。

というわけで、ここではまずは、自分で自分にナラティヴ・セラピーができるようになることを目指します。自分で自分にセラピる（セラピーする）ので、私はこれを「ナラティヴ・セラピル」と呼んでいます。

ナラティヴ・セラピル

ナラティヴ・セラピーとは、どのような問題もナラティヴが生み出していると考え、問題を生むナラティヴに対処していくセラピーです。

といっても、「ナラティヴ」という言葉がよくわからないのではないでしょうか。これはですね、はっきり言って誰にとってもわかりにくいんです。だからここは「ストーリーとか物語のことね、ふんふん」とさっと進んでください。だんだんわかってきますから。

まずは、ストーリーが私たちの現実をつくる、このことを押さえます。

たとえば、神の祟《たた》りを信じている部族の人にとって、神の祟りは「現実」です。それは本当に恐怖の対象だし、病気になると祟りへの対処として実際にお祓《はら》いしたりします。他方で、現代を生きる私たちは、神の祟りというストーリーを信じていません。神を恐れて暮らすことはほとんどありません。

このように、社会や文化によって人々に共有されるストーリーは違います。そして、ストーリーによって、人々が何を現実と見なすかは異なります。

それと同じように、その人がどのようなストーリーを生きているかによって、同じ現象に対する見方は変わります。見方が変われば、その現象への反応も変わります。

たとえば、あなたは四人組の仲良しグループのメンバーだとします。ふと見ると、少し遠くで、自分以外の三人が楽しそうに笑いながら立ち話をしています。

あなたは「なになに～、なに話してるの～」と笑顔で三人の輪のなかに入っていくかもしれません。自分たち四人は仲が良いというストーリーを生きているので、三人のところに駆け寄っていって、ごく自然に会話に混ざります。

反対に、あなたはその輪に入っていきたいけど入っていけずに、立ちすくんでしまうかもしれません。頭のなかには「私の悪口で、盛り上がってるかもしれない」という考えが浮かんでいます。それは、あなたが自分のいないところでは悪口を言われているかもしれないというストーリーを生きているからです。

このように、同じ現象をどう理解するか、どう反応するかは、その人がどのようなストーリーを生きているかによって変わります。

そして、ナラティヴ・セラピーの目的は、苦しみをもたらすストーリーから、自分にとって生きやすいストーリーへと、ストーリーを書き換えることにあります。

私たちに苦しみをもたらしているのが「ドミナント・ストーリー」です。ドミナントとは支配的という意味です。ここから、ドミナント・ストーリーとは、支配的なストーリー、人々を苦しめているストーリー、人々にある行動をとらせているストーリーを指します。

たとえば、「痩《や》せていない自分には価値がない」、「男は／女はこうあるべきだ」、「新卒で大企業に入社しなくちゃいけない」、「絶対失敗しちゃいけない」、「こんな鼻の形ではモテない」、「遅刻は絶対にいけない」などなど私たちはさまざまな、時には自分独自のドミナント・ストーリーに縛られて生きているものです。ドミナント・ストーリーは、「〜であるべき」、「〜でなければならない」という形で表現されることも多いので、第1章でお話しした強迫観念の小人のダメ出しと重なる部分があります。

他方で、私たちを楽にしてくれるのが、「オルタナティヴ・ストーリー」です。オルタナティヴとは、主流のものに代わる別の新しいものという意味です。ここから、オルタナティヴ・ストーリーとは、支配的なストーリーとは別のもうひとつのストーリー、自分にとって生きやすいストーリーのことを指します。

繰り返しになりますが、**ナラティヴ・セラピーでは、生きづらさを生んでいるドミナント・ストーリーを、自分にとって生きやすいオルタナティヴ・ストーリーへと書き換えていきます。**

先ほどの、四人組の例に戻ります。「私の悪口で、盛り上がってるのかもしれない」という思いが頭に浮かんだまま立ちすくんでいると、あなたに気づいたお友達がこちらを向いて手を振っています。それで行ってみると自分の悪口なんかじゃ全然なくて、面白い話をしていて一緒になって笑う、なんていう展開もあるわけです。こうした経験を繰り返しているうちに、「自分のいないところでは、悪口を言われてるかも」というストーリーは書き換えられていきます。友達への信頼感が育っていきます。

私たちは日常的に、さまざまな架空のストーリー、いわば妄想を、現実だと思い込み、必要のない苦しみを生きているものです。そんな私たちの妄想を「それって、妄想だよね」とやさしく修正してくれるのは、新しい経験や他者の存在です。

この私も、教員一年目の最初の頃は、大学生がなんだか怖かったものです。でも、実際に目の前に現れるリアルな大学生はみんな親切で（私が単位を出す側の人間だということもあるでしょうが）、「若者って、ちょっと怖いかも」なんていうストーリーはあっさり書き換えられたものでした。アフロヘアモコモコ男子もロングネイル大好き女子も世界冷笑絶望系男子も、センセーには親切です。どうも。

こんなふうに日常のなかでもストーリーの書き換えはよく起きますが、それを意識的に行うのがナラティヴ・セラピーです。

では、どうやって書き換えるのか。

流れとしては、①自分を苦しめるストーリーを自覚し、②そこに揺さぶりをかけていき、③別のストーリーを立ち上げていくことになります。

ここでは、ストーリーを書き換えるためにナラティヴ・セラピーで行われている二つの方法を紹介します。

ひとつが「ユニークな結果への着目」です。もうひとつが「問題の外在化」です。まずは、前者から説明していきましょう。

ユニークな結果への着目

私たちは、学校に行けない人に対して、ついつい「なぜ、あなたは学校に行けないのですか?」と聞いてしまいがちです。これに対して、ユニークな結果への着目では、「あなたが学校に行けた日には、何がありましたか?」、「その時は、あなたは、どうやって問題の影響に抵抗できたのですか?」などと問います。

また、自分に自信が持てない人に、「なぜ、あなたは自信が持てないのですか？」と聞くのではなく、「あなたが自信を感じるのは、どんな時ですか？」、「自信が持てないなかで、あなたは今日までどうやって頑張れたのでしょう」などと問います。

問題が起こらなかった経験や問題が起こってもそれに振り回されなかった経験、つまりは、例外的な経験に着目するのが、ユニーク《ユニーク》な結果への着目という技法です。

大学には「勉強が嫌い」と言う学生もたくさんいます。「勉強は、大嫌いです」とハッキリ言い切られると、そこにはミントの香りの風が吹き抜けたかのようなすがすがしさがあったりします。それで、「へぇ、そうなんだ」と勉強が嫌いだというストーリーをふんふんと聞いていくと、「高校の時、日本史だけは得意でした」なんていう語りが飛び出してきたことがあります。その時に「日本史は他の科目と何か違ったの？」と聞くと、「そういえば、日本史だけは先生のことが大好きでした」という答えが返ってきたことがありました。

「私は断固として勉強が嫌いで、例外はありませんっ」と言う女子学生もいました。彼女は勉強なるものに激しいうらみを抱いている様子で、眉間にシワも寄り、ともかく嫌いだというオーラが全身からにじみ出ています。

それでまた私は「へぇ、そうなんだ」とふんふんと話を聞いていたところ、彼女は韓国ドラマが大好きだということがわかってきました。韓国系コンテンツ漬けの日々で、休みの日は朝から晩まで浸りきっているそうです。この話題になった途端に「すっごい、楽しいですぅ〜」とふにゃぁと彼女の表情はゆるみ、私の研究室にピンクのハートがふわふわ浮かんできそうでした。

ですが私は「そ、そ、それって、韓国語、め、めちゃめちゃ勉強しちゃってるんじゃないっ?」と驚いてしまいました。その女子学生も、「勉強しちゃってますぅ〜」と言って、二人で笑ったこともありましたっけ。実際に、彼女は韓国のドラマや映画は字幕なしで理解できるくらい韓国語をマスターしていました。大学生になるまでの経験で、いわゆる学校のお勉強は嫌いになってしまったけれど、自分で何かを学んでいく力そのものはしっかりと持っていることがわかります。

こんなふうに「勉強なんて大嫌い」というストーリーにおおい尽くされた現実を細かく見ていくと、実際には、そのストーリーには収まらない生き生きとした経験、生き生きとした経験があったりします。ナラティヴ・セラピーでは会話をしながら、そうした生きられた経験を見つけて、そこに着目していきます。

ナラティヴ・セラピーはセラピストと行うカウンセリングですが、この方法は、自分に対しても実践できます。

たとえば、「大変なことがあっても、なぜ、わたしは、今、〇〇ができているのだろうか」と問うことで、自分がその問題にいつも負けているわけではない現実に目を向けていくことができます。

そこに現れてくるのは、私たちのさまざまな強味です。**ユニークな結果への着目は、うまくやれた時、自分のよい資質、自分の力など、自分自身のポジティブな側面への着目でもあります。**

ただし、この方法は、他者や自分のつらさを否定する可能性も少し含んでいます。ポジティブだと見なされているものに、ただ光をあてればよいわけではありません。あくまで結果的に、ポジティブな何かが私たちの心のうちに立ち上がってくることが大事です。そうしてはじめて、そのポジティブな何かは私たちの心をあたため、本当の意味での光になります。心が闇でおおわれている時に、外から無理に光をあてれば、闇は深まるばかりです。

こんなふうに注意しつつも、ユニークな結果にうまく着目できれば、それまで自分を苦しめてきたストーリーは、より生きやすい別のストーリーへと書き換えられていきます。私たちの視野は広がり、思考は柔軟になり、新しい可能性が開けてきます。マスターしておきたい技法です。

問題の外在化をマスターする

さて、次は、ナラティヴ・セラピーの「問題の外在化」技法を学んでいきます。「問題の外在化」は、次のようにワン、ツー、スリーの流れでテンポよく理解するとよいでしょう。

〈ステップ①〉　まず、人ではなく「問題が問題なのだ」として、問題を人の外側に置きなおします。

（ステップ②）次に、その人は、その問題からどのような影響を受けているのかを探っていきます。

（ステップ③）そして、その問題に、どのように対抗していくことができるかを考えていきます。

「外在化」の逆の言葉は「内在化」です。「あなたは「摂食障害」です」という言い方では、問題（摂食障害）イコール人（あなた）になってしまい、問題は個人に「内在化」されています。そこで、問題を個人の外側に置く、つまりは外在化させて質問をしてみます（ステップ①）。すると、「その「痩せろという声」は、あなたにどのような影響を与えていますか?」（ステップ②）、「その「痩せろという声」に対して、私たちはどのように対抗していけるでしょうか?」（ステップ③）という言い方になります。

今度は、日常的な問題で考えてみます。

たとえば、やるべきことがあってもやる気が出ない時ってあります。この時、「私は

「やる気がでない」」という言い方ですと、問題は個人に「内在化」されています。

そこで、問題を個人の外側に置く、つまりは外在化させます（ステップ①）。すると、「その「やる気のなさ」は、私にどのような影響を与えているだろう？」（ステップ②）と問うことになり、さらに、「その「やる気のなさ」に対して、私はどのように対抗していけるだろう？」（ステップ③）という問いが設定できます。

すると、勉強した方がいいのにやる気がでない場面で、やる気のない自分を責めるのではなく、いろいろな対抗策を考えられるようになります。たとえば、図書館や学校で勉強する、友達と一緒に課題に取り組む、好きな飲み物を飲みながら勉強する、タイマーを一五分セットしてその時間だけまずは集中する、といったように。

これが、問題の外在化技法です。以上。おしまい。

いかがでしょうか。

でも多分、これじゃあ、まだわかりにくいですよね。

ということで説明を続けますが、みなさんはアニメの「妖怪ウォッチ」はご存知でしょうか。

私は大学の講義で「問題の外在化」をわかりやすく説明できないものかと長らく格闘していました。そんなある日のことです。講義中の教壇の上で「妖怪ウォッチ」のワンシーンをハッと思いついたのでした。

「妖怪ウォッチ」の登場人物にはフミちゃんという女の子がいます。ヒロイン的なキャラクターです。当時、小学生だった息子がテレビで妖怪ウォッチを観ていた時、私が何気なくテレビ画面を見ると、そのフミちゃんが妖怪にとり憑《つ》かれた結果、ものすごい変な格好《かっこう》で変な踊りを踊っていたんです。「ヒロイン的な可愛《かわい》いキャラに、あんな踊りをさせてよいのだろうかっ?」と私は結構本気で心配してテレビ画面を凝視しました。

妖怪にとり憑かれると、本人の意志に関わらず、いろいろな変なことをしてしまいます。フミちゃんは自分の意志で変な踊りを踊っていたのではなく、妖怪に変な踊りを踊らされていました。こうして、問題の外在化を説明していた時に、「そうか、問題は、妖怪が起こしているんだっ」と突如としてひらめいたわけです。

そうです。「問題の外在化」とは、ある人に妖怪がとり憑いていて、その妖怪のせいでその人は問題を起こしている、と考えてみることなんです。

たとえば、妖怪「イカリング」にとり憑かれると怒りまくるとか、妖怪「こご豚（こごとん）」にとり憑かれると小言がとまらないとか、妖怪「ぐっち」にとり憑かれると愚痴がとまらないとか、妖怪「鯖王（さばきんぐ）」にとり憑かれると人への非難や批判がとまらないとか（人のことをあれこれ非難することを「裁《さば》く」と言うことがあります）、妖怪「ダメダ神（だめだしん）」にとり憑かれると自分へのダメ出しがとまらないとか、妖怪「ネガティブりっ子」にとり憑かれるとネガティブな考えがとまらないとか、妖怪「クラベルベルべ」にとり憑かれると人との比較がとまらないとか、妖怪「干す魔（ほすま）」にとり憑かれるとスマホをいじるのがとまらないとか。

一気にいきましたが、いわばこんな感じです（注意：ここであげた妖怪はすべてナカムラ・オリジナルです。私が勝手に作りました。妖怪ウォッチに出てくる妖怪ではないのでご注意ください）。

こうやって例をあげてみると、みなさんもよくご存知の妖怪、いますよね。お父さんに「イカリング」が憑いていて、お母さんに「こご豚《とん》」と「ぐっち」が憑いていて、自分に「干《ほ》す魔《ま》」と「ダメダ神《しん》」が憑いていて、妹に「鯖王《さばきんぐ》」と「ネガティブりっ子」が憑いている、とか。

さて、これらの妖怪たちを引き連れつつ、また、説明に戻ります。たとえば、自分へのダメ出しが始まったとします。この時、問題を外在化させると、「ホント、俺ってダメ」（内在化）ってならず、「今日は〈ダメダ神〉が頭のなかで猛威をふるっている（外在化）。風邪かも。宿題は明日にまわして早く寝よっ（問題に対抗）」みたいになるんです。

ＳＮＳで友達が遊びに行った時の楽しそうな投稿を見たとします。この時、「私の毎日、Ｑちゃんと比べて全然サエナイ」（内在化）ってならず、「おっと、今、私、〈クラベルベルベ〉にとり憑かれてる（外在化）。それより、私は私で部屋を片付けて気分よくなろっ（問題に対抗）」みたいになるんです。

問題を外在化させるだけで、その後の展開は劇的に変わります。

さらに発展させると、自分がとり憑かれやすい妖怪を把握して、事前に対策を立てられるようになります。同時に、他人が何か変なことをしでかしても「あぁ、妖怪が憑いてるんだなぁ」と寛容になれたりもします。

問題の外在化は、こんなふうに日常のさまざまな場面で使えます。

とはいえ、本来は心理療法の技法です。そして、ホワイトとエプストンは、自分たちの実践は「「恐ろしくシリアスな」問題に対する、ライト感覚でより有効な、それでいて、さほど緊張しなくてすむアプローチを取る自由」[*7]を与えるとも述べていますから、ここではシリアスな問題に踏み込み、ホワイトによる暴力加害者男性へのセラピーの事例をみていきたいと思います。[*8]

①まず、ホワイトは、暴力を個人の問題としてとらえずに、男性文化と密接に結びついたものと見なします。

②そして、このことによって責任の重大性は男性個人にかかるというより、男性全体にかかってくることになります。ここで、個人と暴力の問題ははじめて分離されます。

③すると、男性たちは自らがいかに男性文化の道具であったかを理解するようになり、これに対抗する方法を見つけることが可能となります。

これがおおよその流れですが、これを妖怪を使って説明し直します。

①攻撃的な言動を繰り返すA君には妖怪「ボウリョ君」がとり憑いています。「ボウ

リョ君」は、一般的に男性にとり憑きやすい妖怪です。

②A君個人が問題にされるのではなく、男性にとり憑きやすい「ボウリョ君」が問題になります。A君と妖怪は、ここではじめて分離されます。

③するとA君は、自分が「ボウリョ君」にとり憑かれていたことを自覚します。そして、周囲の人と力をあわせて自分にとり憑いている「ボウリョ君」に対抗し、妖怪からの支配の脱却を目指します。

なお、問題の外在化は、問題を妖怪のせいにして無責任に放っておくための技法ではありません。問題を妖怪の形として本人から切り離すことで、問題そのものと対抗していく方法を探っていくことがポイントとなります。

ホワイトが「もしも人が問題だとしたら、自己破壊的行為以外にほとんどなす術はない」[*9]と述べているように、人と問題が切り離されていない場合、その人を問題ごと罰する以外の方法が思いつきにくくなります。でも、人と問題を分離させると、いろいろな、時にはとてもユニークな対抗策を探っていけます。しかも、問題を起こしている本人と周囲の人とでタッグを組んで問題に対抗することすらできるようになります。

たとえば、こんな感じです。

A君は家族と事前に相談をしておき、「ボウリョ君」が出そうになったら周囲の人に、「今日はボウリョ君が憑いているから、部屋に引きこもっているのでそっとしておいて」などと言うことが可能になります。

周囲の人も、A君に「今度怒鳴ったら、タダじゃおかないから！」みたいな効果のない説教をやめて、「ちょっと最近ストレス溜《た》まってそうだね。ストレス溜まるとボウリョ君に憑かれやすくなるし、嫌なこととかあるなら話聞くよ」みたいな支持的な対応ができるようになったりします。

もちろん、ここでは被害者に「加害者を責めても仕方がない」とか「加害者を許しなさい」とは一切言われていません。ひどいことをされれば被害者はつらいし、腹も立つし、加害者を罰してほしい気持ちにもなります。だから直接的な被害を受けていない人や加害者臨床の専門家が、加害者の支援に携われればよいわけです。他者を害する人への対処は、社会的な課題ですから。

私も子供の頃から暴力的な人を見てきましたし、実際に嫌な目にもあってきました。

だから、暴力を受けたことがある人にしか見えない景色があることは知っています。暴力は身近にある現実的な問題です。暴力反対と理想を唱えたところで、この世界には暴力は残念ながら存在するのであり、対処が必要な場面はあります。ナラティヴ・セラピーは、この社会的な課題に、新しい回答を差し出してもいるのです。

問題の外在化は、我々人類が抱えるさまざまな問題を冷静にとりあげた上で、そこで何が起きているのかをしっかり見つめるための技法です。そして、具体的な対抗法を考える道筋をあたえてくれます。かつ、妖怪にとり憑かれてロクでもないことをしでかしてしまう人間同士を分断せずに、協力して問題に対抗できる地平まで私たちを連れていってくれます。

絶望の先にある技法

問題の外在化については説明できましたが、ここではさらに一歩踏み込んでいきたいと思います。

さて。

私はホワイトたちの発明した「問題の外在化」技法が本当に好きなのですが、なぜ、この技法、あるいは、この考え方に惹《ひ》かれるのか。

それは、問題の外在化とは、責めるとか裁く程度で人なんてそう簡単に変わるものじゃない、というクールでリアルな事実、理想論ではどうにもならないという絶望の先で発明されたのではないかと、勝手に想像しているからです。

ホワイトたちが実際にどう考えていたかはわかりません。それでも私は次のように考えてしまいます。人を責めない姿勢は、ヒューマニズムや人間愛のような理想から生まれたのではなく、「責めても、問題は解決しないことが多い」という現実、「責めるくらいでは、人は変わらない」という絶望から立ち上げられているのではないかと。

問題の外在化とは、誰かを責めても、怒っても、裁いてもどうにもならない現実をしっかり認識し、その上で具体的に何をどうすればいいかについて、**冷徹に考えられた極めて合理的な方法**なのだ。私はこう考えています。

私たちは誰かが問題を起こすと、その人を責めたり罰したりすることで、その問題を改善しようとしてしまいがちです。日本に限らず世界中に、人を責める、人を裁く、人を罰する形式の問題対処法が蔓延《まんえん》しています。

責められたり怒られたりすると、人は一時的には問題のある行動をやめるかもしれません。でも、怒られて、本当の意味で反省できるものなのか。責められて、ある行動がとまるものなのか。

本人も好きで問題を起こしているわけではなかったりします。責められたり罰せられたりしているうちに、ますます心がすさんでいくこともあります。

そもそも、責めるとか、罰するというのは、冷静に考え抜かれた合理的な問題解決法というよりも、ともかく腹が立って「怒っちゃう」「責めちゃう」「罰しちゃう」といった反応である場合が多いのです。よくよく現実を見つめると、私たちのよく知る今までの問題解決法は効果が限られているし、それ以前に解決法ですらない場合も多々あります。

怒って駄目なら褒めてみる「アメ（褒め）とムチ（罰）」の発想は、現代社会ではごく普通に受け入れられています。ですが、長らく研究者として依存症の領域を研究し、教師として学生の話を聞いていると、「アメ（褒め）」でも無理、「ムチ（罰）」でも無理、「アメとムチ」なんかでそんなに人は変わらないことが心底わかってきます。

ムチの反対にアメがあり、アメの反対にムチがある。この枠組みの内側で他者と関わってもどうにもならないじゃないか。だいたい、それは人と人同士の関わりなのではなくただの操作じゃないか。責めるとか、非難するとか、褒めるとか。そんな安易なコントロールではこれまでだって何もうまくいかなかったじゃないか。うまくいってもせいぜいその場しのぎで何も変わらないじゃないか。

私は、このように認識しているわけです。

私たちはご褒美をもらった程度では変われないし、めちゃくちゃに怒られても同じことをまた繰り返してしまう存在です。人間を取り巻くこうした身も蓋もない現実をしっかりと見つめた上でなお、明るく解決法を差し出してくれたのがナラティヴ・セラピーなのだと、私は考えます。問題を前にした時に、人々が協力してそれに対抗していける道が切り開かれたのです。そしてここには、人と人との新しいつながり方が示されています。

本章では、ユニークな結果への着目、そして問題の外在化技法をマスターしてきました。自分の問題に対しても、誰かの問題に対しても、どちらにも使えます。妖怪も退治すればよいわけではなく、うまく共存できればいいわけです。強迫観念の小人も妖怪も、関わり方次第では私たちを守ってくれる存在になります。頼りになる味方にもなります。

外在化技法は使えば使うほど上達していきます。ただし、私たちの思考はすぐに内在化の方に引き戻されてしまいますから、「えーっと、これを外在化して考えるとさっ」というように、時おり、頭のなかで引っぱり出して外在化の思考回路に馴染《なじ》んでおくとよいでしょう。

注

＊7 マイケル・ホワイト&デビット・エプストン、一九九〇＝一九九二『物語としての家族』金剛出版、六〇頁

＊8　マイケル・ホワイト、二〇一一＝二〇一二『ナラティヴ・プラクティス――会話を続けよう』金剛出版、九三～一一〇頁
＊9　マイケル・ホワイト、二〇〇七＝二〇〇九『ナラティヴ実践地図』金剛出版、二七頁

ナカムラ・コラム④　人生が変わる妖怪事典

授業でナラティヴ・セラピーをとりあげた時には、私はせっせと妖怪採集もしてきました。受講生に自分にとり憑いている妖怪を報告してもらうんです。そこで、私が採集した妖怪の一部をどさっと紹介します。

この妖怪事典は、問題の外在化をマスターするのに役立ちます。しかも自分以外の他者が抱えているネガティヴを垣間見る《かいまみ》ことができます。すごい、いっぱい、いるんデス（個人的に愛好しているのは「テンション・ウェイヴ」です。名前が無駄にかっこいい部分がすごく好きです。あと、「ムゲンゲーム」も恐ろしくて好きです）。

ツムツム（「人生もう詰んだ」とすぐ思う）、イエズジマイ（言いたいことがなかなか言えなくなる）、繊細爺《せんさいじじい》（細かいことが異常に気になる）、イソギンチャックン（せっかち）、感情暴走神《かんじょうぼうそうしん》、論破《ろんぱ》ザル、ソロ頭巾《ずきん》（一人が好き過ぎる）、内菌《うちきん》（自分のことを話しても興味ないだろうと思わせてくる）、イケテルニンゲンモドキ（流行に敏感でまわりとは少し違う自分をアピールしている一方で、休みの日は一六時間眠り寝間着で過ごす）、モテな陰《いん》、ウィンター・ブルー（冬季鬱）、虚勢魔神《きょせいまじん》（大丈夫じゃないことも「大丈夫」と言う）、気《き》が散《ち》ルンバ、正当蚊《せいとうか》、恥《は》ずかしガールズ（女性と話す時だけ緊張させ、女性と話せないようにする）、気《き》にシィ、厭世《ぺしみ》ん、ムゲンゲーム、掘り起こしマン（ちょっとしたことを掘り起こして小言をぐちぐち言う）、十六方美人《じゅうろっぽうびじん》（八方美人どころか十六方にいい顔をする）、バキューム布団《ぶとん》（吸い込まれるように布団に入ってしまいやる気まで奪われる）、シゼン（週に一度は東京から離れて空気の澄んだところに行きたくなる）、汚《お》ベアー、飽《あ》き将軍《しょうぐん》、RUN太郎《たろう》（週に二回のランニングを強制してくる）、写《うつ》し取《と》り紙《がみ》（人の行動や言動をコピーして真似《まね》る）、ノット・エンペラー（皇帝→肯定。自分が好きではないものを「なんかそれは違う」と否定する）、すっぽ抜《ぬ》け（説教が右の耳から左の耳へと抜けていく）、劣等缶《れっとうかん》、寝《ね》る寝《ね》る寝《ね》る寝《ね》（睡眠誘導系妖怪）、だめだめだめだ（自己否定系妖怪）、クラベルベルベ（他者との比較がとまらなくなる）、ズーン（小さなことでも落ち込みやすくなる）、インスタグラ魔《ま》（常にインスタ映えが気になり「いいね」がたくさん欲しくなる）、アセル君、ドクゼツ君、コトワレン、繊細戦隊繊細《せんさいせんたいせんさい》ジャー、うんちく魔《ま》（うんちくをだらだら語ってまわりに引かれる）、ヒクツン、ずるズルン（ずっと引きずってしまう）、見栄《みえ》っパリン、ポチ（よく考える前にポチッと購入）、どう蝶《ちょう》（まわりに同調してしまう）、妖怪自分《ようかいじぶん》まじかっこいい（「自分に自信を。心にゆとりを。人生に楽しみを」がモットーの妖怪）、テンション・ウェイヴ（テンションを波のように上げ下げしてくる）、メンドクサ、たよれん、だらリーマン（家ではダラダラしてしまうくせに、外ではしっかりやってます！）、神《かみ》鯛王《たいおう》（人から嫌われるのが怖いため神対応をしてしまう）、ヲタ（一度好きになるととことん突き詰めたくなる）、自分の感覚シンジラレナイン、ジダラ君、ボーゲン（イライラしていると思ってもないこともすらすら口から出てきてしまう）、真《ま》イッカ、マワリノメ、ヒカクン＆くらべー、サゲサゲ、うらやま神《しん》＆うらやましガール、いじっぱりん、決《き》めつ犬《けん》（勝手に相手をこうだと決めつける）、ブリザード（冷めている。人のことを子供っぽいなと見下す）、あとまわシーソー（課題などをさっさと終わらせればいいのに「面倒だな」などとゆらゆら迷っている）、ヒトココット（一言余計なことを言う）、はげ神様（髪の毛を抜く）、ヨワム神《しん》、ナキム神《しん》、ムカン神《しん》、お人《ひと》よ神《しん》（NOと言えなくなる）、後回神《あとまわしん》（なんでも後回しにする）、粗探神《あらさがしん》（人の粗探しをしてしまう）、キンチョール（緊張する）、ぜんぶでき騎士《ないと》（完璧主義）、白黒《しろくろ》ちゃん（白黒はっきりつけたがる）、ほめられタイタン（ほめられたがる）、ボーチャン（ぼーっとしてしまう）、妖怪《ようかい》サボロウ君、ムケイカ君、オキレナーイ、責任感《せきにんかん》ゼローン、高校《こうこう》生《せい》に戻《もど》りタイ、魔《ま》ンガ（漫画を読みたがる）、そのマーマ（片付けられない）、スマイリー（なんでも笑顔で押し通そうとする）、叫坊主《さけぼうず》（カラオケで発散させてあげないといけない）、忘れん帽《ぼう》、後悔士《こうかいし》（後悔する）、妖怪《ようかい》ひねくれるンデス、アゲアゲDJ（調子がよいとやたらテンションがあがる）、やる木《き》（すごくやる気が出る。頼もしい妖怪）、ナンデモ批判《ひはん》から入るマン、だるインコ、テキトー・デス（適当死神）、心配《しんぱい》将軍《しょうぐん》、モヤモヤンキー（モヤモヤしてイライラする）、サン財《ざい》（お金を使ってしまう）、韓流《はんりゅう》ドラ魔《ま》、メーミレン（人見知り。相手の目を見て話せない）、イエスマーン。

こういう妖怪をみなさんがひとり何体も、場合によってはごっそり引き連れているということで、なんかもういろいろお互い様というか、多少の自分の失敗や相手の欠点は気にならなくなったりもします。

「まっ、妖怪連れてる同士、いたわり合って生きていきましょーかね」みたいな心地よい脱力感があります。

第5章　相談上手・相談され上手

二次被害を防ぐ

本書はここまで、相談する相手が見つからないという後ろ向きの姿勢で進めてきました。仕方がありません。私が大人になるまで、相談相手が見つからない、相談するとロクなことにならない、そもそも相談の仕方もわからない、という人生を送ってきてしまったからです。ですが本章では、相談上手、相談され上手を目指すという前向きな姿勢でいきたいと思います。

とはいえ、相談などといっても、困り事の内容やその時の状況によって対応の仕方はさまざまで、こうすればいいという一般的な答えはありません。

そんななか、私は次のように考えました。

二次被害を防ぐ。

この一点に意識的に取り組むだけで、相談場面は劇的に改善するのではないかと。「相談なんか、しなければよかったっ！」という事態が生まれるのは、そこで二次被害が起きるからです。復習しますと、二次被害とは、誰かに何かを相談するとイライラされたり、説教されたり、責められたり、否定されたり、無視される事態のことでした。

こうした現状を踏まえつつ、（a）ネガティブは伝染するものだ、という点をしっかり理解し、（b）相談場面では二次被害を最小にするという方針を立てておけば、わけがわからないまま誰かに相談してしまってさらに傷つけられるといった事態をかなりの程度予防できます。

この方針は相談される場面でも有効です。誰かの相談を受ける時には、（a）相手のネガティブに感染しないようにしつつ、（b）二次被害をあたえないよう注意すればいい、ということになりますから。

そこで本章では、二次被害を防ぐという点に限定して、自分が困った時にできるいくつかの工夫を段階を追ってみていきたいと思います。

二次被害の予防にポイントを絞れば、一番最初になされるべきことは、自分で自分の気持ちを否定しないことです。まずは、**自分からの二次被害を防ぐ**ことが挙げられます。

次に、**自分が困っている時にはそのことを誰にも話さない**方法が浮かびます。たとえば、寝てしまうとかです。二次被害は人と人との間で起きます。だから誰にも何も言わなければそれ以上の被害は受けません。困っている時に誰にも相談しない行為は、孤立感のある行為だと思われがちですが、そんなことはありません。二次被害を起こす人に囲まれて生活している場合、むしろベストな戦略です。二次被害の予防的観点からすれば非常に賢い合理的な戦略であり、自分の身を守る重要な手段のひとつです。

また、**本を読む**という方法があります。直接話をしなくても、著者と読者の間で心の交流は生まれますし、場合によっては解決法が書かれています。著者は読者を慰めたり励ましたり、新しい知識を教えてくれたりします。読書とは安全な環境で癒しの発生するコミュニケーションです。しかも、嫌な気持ちになったら、本はすぐに閉じてしまえばいいのです。無理して読み続ける必要はありません。

自分で自分を責めない、誰にも話さない、本を読む。この次あたりの段階に、**人間で**

はない存在に話すという方法がきます。たとえば、ぬいぐるみやペットに自分の困り事を話すなどです。私は実践したことがないのですが、「つらいことがあると、愛犬のPちゃんに話してます」という話を学生から聞いたことがありますから。ぬいぐるみやペットは否定してきませんから二次被害は起きません。

そして、ここからやっと「人への相談」に入っていきます。まずは、**知らない人に話す**という方法です。たとえば、無料電話相談に電話をかけて話すとか、匿名でつらい気持ちを書き込める場所を見つけてそこに気持ちを書き込むなどです。

セルフヘルプ・グループに行ってみるということも考えられます。第3章で紹介した「言いっぱなし、聞きっぱなし」のミーティングとは、つまりは、二次被害が起きないように設計された場とも言えます。ミーティングの後に、誰かに個人的に相談すれば、もちろん、そこには二次被害のリスクは生じますが。その他、カウンセリングを受けるなど訓練された専門家に相談する方法もあります。ただし、カウンセラーの熟練が足りないと、二次被害を受けてしまうこともあります。

ここまで、やや慎重に、二次被害をともかく避ける方法を確認してきました。それでもやはり、つらい時、困っている時、私たちは生身の誰かと直接コミュニケーションをとりたくなるものです。私たちは他者の存在に苦しみながらも、他者と共にあることに喜びを感じる存在でもありますから。

そこでここから先は、困り事があった時に、**二次被害を防ぎつつ他者とコミュニケーションする際の工夫**について、いくつか紹介していきます。

相談上手（相談する時の工夫）として、事前連絡法、I《アイ》メッセージとYou《ユー》メッセージ、同じ経験をしたことがある人に話す、の三つを紹介します。

相談され上手（相談される時の工夫）として、事前確認法、無知の姿勢（Not-knowing）、の二つを紹介します。

相談上手

【事前連絡法】

私は、事前に連絡することをそのまま「事前連絡法」と呼んでいます。これはコミュニケーション上のちょっとした工夫で、いろいろな場面で使える応用範囲の広い方法です。

たとえば、人に何かを相談したい場合、「相談したいことがあります」と先に伝えて、話をする時間と場所を決めてもらうんです。たったこれだけで二次被害はかなり防げます。

「そんなこと、あたり前なのではっ！」と思った方もいるかもしれません。でもですね、意外とこの事前連絡がなされずにトラブルが起きているのが、家族とか恋人とか仲良しの友達など、身近な人との人間関係なんです。

私はある日、夫が帰宅するとタタタッと駆け寄っていって「ねぇねぇ、今日ねっ」といきなりその日にあった嫌な出来事について話し始めてしまったことがありました。夫の側からすると、家に着いた途端、気持ちの準備のないところに、妻からネガティブの小爆弾を投げ込まれるわけです。で、夫は反射的に思ってもいないことを言っちゃって、で、私は二次被害を受ける、みたいな。

これって、ものすごくありがちではないでしょうか。

でも、昼間に、「今日、嫌なことがあったから、夕ご飯を食べた後に話を聞いてもらえる？」などと連絡しておくと話を聞いてもらいやすくなります。夫の側に「なになに、何があったわけ？」みたいな関心が芽生える可能性すらあります。せめて、いきなり話し出してしまう前に「嫌なことがあったから、今から話を聞いてもらいたいんだけど、いい？」と伝えるだけで、状況はずいぶんと変わります。

これって、いわば**予約**です。

病院やカウンセリングは予約して行くのに、私たちは家族やパートナーや友達などには、いきなり、前置きもなく、突如として、困り事を話してしまいがちです。これで起きているトラブルって結構あるはずです。ですが、予約系メッセージをほんの少し事前に伝えておくだけで、話を聞いてもらえる確率は驚くほどあがります。

愚痴についても、「今から愚痴を話してもいい？　聞いてもらえると助かるんだ」などと先に話しておくという工夫ができます。いきなり愚痴ると「そんなこと言っても、仕方ないじゃんっ！」的な二次被害を引き寄せがちです。

自分がどうしてほしいのか。何が自分の助けになるのか。それを事前に相手に伝えると、相手に助けてもらいやすくなる、というわけです。

「否定せずに話を聞いてほしい」と言うと否定せずに話を聞いてもらいやすくなります。「自分にも悪いところはあるけどそれは後で反省するとして、まずは味方になって話を聞いてほしい」と先に伝えると、味方になってもらいやすくなります。

これって、いわば**予告**です。

未来に何が起こるか事前に予測ができれば、私たちは余裕を持って対処できます。だから、周囲の人に余裕を持ってもらうべく、事前に予告しておくことは有効です。ここで行われているのは、これから展開するコミュニケーションの方向性についてのコミュニケーションです。

そういえば、男子学生に「話したいことがあるんですけど、中村先生が引くなら話しません」って予告されたことがありましたっけ。その時は、「聞いた後、私ドン引き、みたいになったらどうしよう」というやりとりをひとしきりしました。「ドン引きされるなら話せないですよ」「じゃあ、話さない方がいいよ」「いや、でも話したいです」「でも私、ドン引きしちゃうかも」みたいな。結局、ドキドキしながら話を聞くと、「うーむ。なるほど」と聞ける範囲の内容だったのでホッとしつつ、彼が「ドン引きされるかも」と心配していた理由も、それでも誰かに話したかった理由も、よくわかりました。それから、大学の廊下で、「中村先生、褒めてっ褒めてっ！」って女子学生が笑顔で駆け寄ってきたことがありました。その時、「なになに、褒めるっ褒めるっ！」って話を聞く前に褒めてしまったこともありましたっけ。

こうしたことも、広い意味での事前連絡法といえそうです。

【IメッセージとYouメッセージ】

次にみていきたいのが、IメッセージとYouメッセージです。これは私の発案ではありません。カウンセリング系の本でよく紹介されてもいます。「私」を主語にするメッセージが「Iメッセージ」です。そして、「あなた」を主語にするメッセージが「Youメッセージ」です。

「(あなたは) ○○だよね」、「どうして (あなたは) 靴を揃《そろ》えないの?」、「なんで (あなたは) 勉強しないの?」、「(あなたは) うるさいっ」、「(あなたは) もっと○○しないとダメだよ」などはＹｏｕメッセージです。Ｙｏｕメッセージには相手をコントロールしたり非難したりする要素が含まれがちなので、感情的な対立が起こりやすいんです。いわゆる口うるさい人っていますが、よく観察してみるとＹｏｕメッセージをたくさん使っている場合があります。そして、私たちも気持ちに余裕がなくなるとＹｏｕメッセージを発してしまいがちです。喧嘩《けんか》や言い合いになると、たいてい人はＹｏｕメッセージを繰り出し合うものです。

他方で「私は○○って感じる」、「私は靴が揃っていると気持ちがいい」、「私はあなたが勉強しないと不安になってしまう」、「少し静かにしてもらえると（私は）助かります」、「こうしてみるといいかなって、私には思えます」などはＩメッセージです。

内容的には同じことを言っていても、相手（あなた）を主語にするか、自分（私）を主語にするかで、その先のコミュニケーションの展開は変わっていきます。周囲の人が主語をどこに置いて話しているか、それによってどのようなコミュニケーションが展開しているか、観察してみるとよいでしょう。

ひとつの例として、ここで、私が学生時代に実際に経験したちょっと怖いＹｏｕメッセージを披露したいと思います。

ある日の夕暮れ時のことでした。私は母に「今日はヒデヨはお腹空《なかす》いてないよね」と言われました。その日、母は疲れていて食事を作りたくなかったのでしょう。ですが、真面目な人なので食事を作りたくない自分を受け入れられなかったのだと思います。それで、自分が夕飯を作れないのではなく、娘のお腹が空いていないという設定にしてしまったのでしょう。

「お母さん、今日は疲れちゃったから、夕飯は作りません」って言ってくれれば「わかった」ですむけれど、「今日は、ヒデヨは、お腹、空いてないよね」と真顔で言われてしまうと結構ホラーです。この怖さ、わかる人にはわかると思います。

この時、私はもう子供ではなかったし、母がどういう文脈でこう言っているのかを推察できたので適当に対応しましたが、幼い子供にこの形式のコミュニケーションを繰り返したら、子供はかなり混乱するはずです。自分の感覚を外側からいつも決めつけられてしまえば、自分の感覚がわからなくなります。

周囲の人からYｏｕメッセージを浴びながら生活するのは相当なストレスです。「嫌だな」と感じて反発できるならまだよいのですが、場合によっては、自分が嫌なこと、自分がやりたいことなど、自分のニーズがわからなくなってしまうこともあります。

ですが、自分が受けているメッセージをＹｏｕメッセージなのだと理解できれば、話し合ってＹｏｕメッセージを減らしてもらう、相手に落ち着いてもらう、相手は変えられないから受け流す、ともかく逃げるなど、いろいろな対抗策が思いつきます。

そして、Ｉメッセージを使えるようになると、周囲の人とのトラブルを回避しつつ、自分の主張や意見を伝えられるようになります。何かで困っている時、相談に乗ってほしい時も、主語を自分にして話すと相手に話が通じやすくなるものです。

【同じ経験をしたことがある人に話す】

事前連絡法とＩメッセージは、伝え方についての工夫でした。では、困った時、誰に、話すと二次被害にあいにくいでしょうか。

それは、同じ経験をしたことがある人です。

たとえば、彼氏（あるいは彼女）のことでものすごく困っているけれど、その人が好きで別れられないという悩みをよく聞きます。そうした経験がない人に話すと「そんな相手、さっさと別れればいいのに」と言われてしまいがちです。でも、同じ経験をしている人同士なら「わかる、わかる。別れればいいじゃんって思われちゃうけど、そんなに簡単じゃないよね。いいところもたくさんあるし、でも、つらいし」といった話ができます。

誰かが迷っている時、周囲の人は白黒つけたくなりがちです。誰かが悩んでいる時、一気にズバッと解決したくもなります。でも、同じ経験をした人同士であれば、どうにもならずにぐずぐずと葛藤している過程ごと寄り添うことができます。同じ心の揺れを経験したことがあるからです。相手がどの段階にいても、自分のなかに同じ気持ちを見つけることができれば、「そういう時期ってあるよね」と受容する心で聞いていられます。

この原理が採用されているのが、第3章でも紹介したセルフヘルプ・グループです。私が長らく関わってきたのは依存症のグループですが、セルフヘルプ・グループは同じ問題を抱える者同士が支えあう集まりですから、同じ病気を持っている人同士のグループ、同じことで苦しんでいる人のグループなど、いろいろなグループがあります。
そしてここには、**生きづらさを通じて他者とつながる**回路が開けてきます。苦しい時に、「そういう時、つらいよね」と言ってもらえると、苦しさが減るだけではなく、相手と心がつながります。生きづらさ、困り事、相談。こうしたものには本来、人と人とをつなげる力があるのです。

相談され上手

【事前確認法】

次からは、人から相談を受ける時の工夫です。

私は人の話を聞く時に「①ただ聞いてほしいのか」（傾聴モード）、「②何らかの対処法を示してほしいのか」（解決モード）を事前に確認することがあります。これを「事前確認法」と呼んでいます。

傾聴モードの場合は、なるべく相手の気持ちを追うように話を聞きます。

解決モードの場合は、心よりも頭を動かして具体的な解決方法を考えながら話を聞きます。

妻や彼女が傾聴モードで「ただ話を聞いてほしい時」に、夫や彼氏が解決モードで答えてしまい、「（彼女）もう！　解決策なんて求めてないのにっ！」ってなって、「（彼氏）なんで？　ちゃんと答えたのにっ！」ってなることってありますよね。

誰かから相談を受ける場合、相手が傾聴を求めているのか、解決を求めているのかを、相談の早い段階で確認しておくとこうしたズレが生まれません。求められているものと違った聞き方をしても、彼らの困り事は解消しません。

本人が「傾聴モード」と「解決モード」のどちらを求めているかわからない場合もありますが、そういう場合は「じゃあ、ひとまず話してみてください」ということになります。解決が求められているにしても、まずは話を聞かないことにはどうにもなりませんから。

ここでは二つのモードしか挙げませんでしたが、もっと違う聞き方が求められている場合もあります。

【無知の姿勢（Not-knowing）】

最後に、ナラティヴ・セラピーの「無知の姿勢（Not-knowing）」を紹介します。

私は若い頃、大人に「Aです」と言うと、「B」だと解釈されて、「Cでしょ！」と怒られることがありました。ともかく、こちらの言っていることが全然伝わりません。

こんなふうに相手が「A」だと言っているのに、それをしっかり聞かないで「B」だと解釈して、思い込みに基づいて「Cでしょ！」と言ってしまう事態は、「無関心」と「思い込み」の二つの言葉でおおむね説明がつきます。①まず、相手への無関心があり、②その先で思い込みが展開されているんです。

目の前の人の話をよく聞きもしないで、勝手な思い込みで解釈する。こうしたことは心理療法の場面でも行われていました。

患者に対する「無関心」と「思い込み」。専門家たちのこうした問題を指摘し、新しいスタンスを提案したのがナラティヴ・セラピーのセラピストたちでした。それが「無知の姿勢（Not-knowing）」です。ナラティヴ・セラピーの新しさは第4章で紹介した

「問題の外在化」だけではないんです。

「無知の姿勢」とは、関心を持ってクライアントの話を聞き、そこから学ぶ姿勢です。相手の現実を理解したつもりになって勝手に解釈するのではなく、彼らの生きている現実をよく理解し、彼らを困らせている問題の解消法を一緒に探していくスタンスです。

私たちは誰しも、自分の経験や知識をもとに人や現象を勝手に解釈し、決めつけてしまう傾向がありますが、そうした傾向に自覚的であろうとするのが無知の姿勢です。

これって平たく言うと、**目の前の人にしっかり関心を向け、かつ、自分の思い込みから自由になって、よく話を聞く**ということです。だから、セラピーの場面だけの話ではなく、日常のなかで、私たちが他者や現象をどう見るかについての話でもあります。

それで私は、「無知の姿勢」の反対の姿勢として「神ポジ（神様ポジション）」を位置付け、両者を対にして二つセットで理解しています。神ポジとは第1章でお話ししたように、本当はよく知らないことについて、まるですべて知っているかのように振舞う姿勢のことでしたが、カウンセラーをはじめとする専門家たちもまた、患者に対して神ポジをとり続けてきたのです。

専門家が神様ポジションに立たないセラピーでは、セラピストはクライアントと一緒になって彼らの問題の解消法を探りだしていきます。セラピストだからといって、クライアントより先に答えを知っているわけではありません。こうしたことは親子関係、教師と生徒、パートナー関係、友人関係などいろいろな人間関係にも応用できます。教師や親だからといって、生徒や子供たちのよりよい生き方を知っているわけではありません。それでも、教師であれ親であれ誰であれ、ある人の話をしっかり聞き、その人の気持ちに寄り添うことはできます。

＊　＊　＊

さて。

二次被害を防ぐ工夫は以上となります。これ以外の方法もあるでしょうし、みなさんもこの先の人生のなかでいろいろと工夫してみてください。

でも、どうやろうとも、相手が誰であろうとも、話を聞いている途中に困難な時間がやってくることがあります。

そうです。
それが、Ｔｈｅ・魔の時間帯です。

Ｔｈｅ・魔の時間帯

私は人の話を聞いている途中に、あることが起きていることに次第に気づくようになりました。話を聞いている途中でしんどい時間帯がやってくるんです。しんどいのはこの私です。今では私はそれを「Ｔｈｅ・魔の時間帯」と呼んでいますが、そこでは私は否定的になり、非受容的になります。

今では事前にかなりの確率でこの時間帯がくることが予想できるので、私は「いつでも、きたまえ」と気持ちの準備ができています。そして、魔の時間帯に入ったら「はい、入りました」と事態を認識し、できるだけじっと話を聞いて、反応しないようにします。

いわば「亀になる」イメージです。硬い甲羅に入ってじっといろいろな思いが過ぎ去るのを待ちます。余計なことも、余計じゃないことも言いません。甲羅のなかにいる亀ですから。亀になってじーっと話を聞いています。

以前は、魔の時間帯に入って否定的あるいは非受容的になると、亀になれずに、つまらない助言をしてしまったり、ぎこちなく終わったり、なんてこともありました。そんな日は相談者がそれなりに満足した様子で帰っても、私の側には「今日の私の聞き方は、なにか違うと思う」といった失敗感がずっと残りました。その失敗感は今でも感触ごと記憶していますが、相手を損なってしまったような、解き放たれるべきだった何かに蓋をしてしまったような、すごく嫌な感覚です。

三〇代の頃は、教員や研究者としていろいろな人の相談に乗った際、うまくいくか失敗感が残るかは、いわば運任せでした。私はカウンセラーではありませんし、うまくいってもそれはラッキーなだけ。「相談者と私の相性がよかったんだ」といった程度に考えていました。

ですがある時、よく知っている女子学生から電話で相談を受けていると、魔の時間帯がやってきました。彼女はあることに不満を持っていてその不満をしばらく聞いていたところ、私のなかに「そんなこと言っても、仕方ないよな」という思いが湧《わ》きあがってきたんです。私は彼女に対して非受容的になったことがなかったので、なんだろうと思い、ともかく亀になり、体にぎゅっと力を入れて、黙って話を聞き続けました。

こうしてしばらく亀になっていたのですが、ある瞬間、張りつめていた私の心はふわっとほどけ、体の緊張がすっと抜けると同時に、その女子学生も前向きなことを話し出したんです。彼女を取り巻く状況は現実的には何も変わらず、具体的な解決策も特にないまま、私までなぜだか前向きな気持ちになり、さわやかな気持ちで電話を切りました。

この電話の直後、「あ、これだ」と、確かな手ごたえを感じました。

魔の時間帯には、「この人は、なんでこんなことを不満に思うのだろう」という気持ちになって、受容する心から遠のいてしまいます。「文句を言ったって、仕方ないじゃないか」と。でも、これは私の思いではなく、相手のネガティブに感染して一時的にネガティブにとり憑かれているだけなのだということを、この時理解しました。

本書で繰り返しお話ししてきたように、ネガティブには感染力があります。ネガティブは私たちの内なる何かを刺激してきます。でも亀になって、硬い甲羅のなかに閉じこもっていれば、ソレをやり過ごすことができます。

亀になっている時の私は、相手に対する否定的な思いが湧き出てきても「その思い」を信用するのではなく、「相手のこと」を信用して待っているのだと思います。だから、相手がよく知っている人だと、魔の時間帯をうまく通過しやすいようです。

振り返ってみると、失敗感が残ったケースは、初めて会った人や自分より年長の人の話を聞いていた時でした（私には、自分より年上の人には厳しくなってしまう傾向がありましたから）。だから、私は彼らをうまく受容できなかったのでしょう。今だって、よく知らない人に突然相談をされたら、私はうまく聞けずに、せいぜい二次被害をあたえないようがんばるくらいしかできないかもしれません。

そして魔の時間帯というと、私は昔読んだ短編小説のあるシーンを連想します。『踊る小人』[*10]という小説です。

その小説では、主人公の男の子が小人にまやかしを見せられるシーンがあるのですが、目の前で何が起きても、主人公は絶対に声をあげることができません。小人とある契約をしてしまっていて、ほんの少しでも声を出してしまったら、小人に体を乗っ取られてしまうからです。

主人公が、好きな女の子とやっと二人きりになれた時のことです。彼女にキスをすると、彼の目の前で、女の子の顔がドロドロに溶け出します。鼻から巨大な蛆《うじ》まで這《は》い出してきます。彼女の顔は溶け続け、死臭まで放ちます。ここで男の子は声をあげそうになりますが、「これは小人が見せているまやかしなのだ」と覚悟を決めて、目をつぶって腐乱《ふらん》した肉のかたまりにキスをします。彼の顔は蛆に触れ、死臭が鼻にとびこんできます。でもそれは一瞬のことで、目を開けると、そこにはもとの美しい女の子がいました。やはり小人が見せていたまやかしだったのです。小人の目的は、男の子に声をあげさせて、彼の体を乗っ取ることですから。

最近の私は、亀になる時には、いつもこの小説のこのシーンを思い出します。相手への否定的な思いが胸に湧きあがっている時、「これはネガティブがつくり出したまやかしなのだ」と、頑張って踏みとどまります。私だってまやかしなんかに負けたくありません。ネガティブに体を乗っ取られたくありません。

あるいは別の観点から、私はこれを一種の予知だとも考えています。「なんでこんなことを不満に思うのだろう」、「文句を言ったって仕方ないじゃないか」。こうした気持ちは、私に話をしてネガティブをくぐり抜けた後に、相談者自身が持つ気持ちの先取りなのだと考えてみるのです。

「なんであんなに不満に思ってたんだろう」、「まあ、文句を言っても仕方ないもんね」。そんな晴れやかな境地に本人が行けると望ましいのですが、その手前で、同じような思いが聞き手の私に重くずっしりのしかかってくることがある。そんなふうに考えます。

魔の時間帯には、ネガティブが私たちに乗り移ってくる。でも、それはまやかしであり、ただの伝染であり、ある種の予知である。この私がこの人を否定しているのではない。

この人を信頼していればいい。自分を信頼していればいい。ともかく、世界への信頼に踏みとどまればいい。

亀になった私はそう考えます。

今では、魔の時間帯に入った時には「人の話を聞いていられない人が、どのように感じているものなのか」を体験する時間とし、そこで生じる否定的な気持ちをじっと感じとったりもしています。これは、結構しんどいのですが。

なぜなら、その否定的な気持ちこそが、まさに私が第3章でとりあげた二次被害の源泉だからです。それは私が何度も何度も受けてきた被害であり、そして私たちが誰かにあたえ、今後もあたえてしまう被害です。私だって魔の時間帯のなかで声を発せば、二次被害を生んでしまいます。小人に体を乗っ取られるように、ネガティブに体を乗っ取られてしまえば、相手を傷つけ、自分も損なわれます。

こうして私は私なりに、二次被害の発生原因をつきとめたのです。ここからは、相手を好意的に思っている場合ですら、二次被害が起こることがわかります。ネガティブの力は強く、まやかしはいつだってリアルで、私たちは容易に声をあげてしまう存在だからです。

それでも、亀になって海底深くでしばらくじっとしていると、あるポイントを境に海水から濁《にご》りが消えていき、海底に光が差し込んできます。体がふっと軽くなり、明るい気持ちになります。我々にとり憑いていたネガティブはどこかに消え去っています。

私たちは、魔の時間帯を通過しきったわけです。

すると、相手にも私にも同時に癒しと喜びが発生します。「あ、うまくいったね」、「あ、きりがついたね」。こういう感覚はお互いにわかるから、心ってすごく不思議です。

こんなふうに私はいろいろな人の相談を受けるなかで、一時的に相手のネガティブに感染して同じようにネガティブになり、一緒にそこをくぐり抜ける経験を何度も何度も、本当に何度もしてきました。

精神医学やカウンセリングでは、こうした現象を指す専門的な言葉があるのかもしれません。でも、私はカウンセリングをしているのではなく、日常の相談事を聞いてきただけです。そのなかで、仕組みはよくわからないけれど、何度も同じことが起こりました。

そして、私たちの日常を振り返ってみると、こうしたく〻ぐ〻り〻抜〻け〻の経験は相談を受ける場面だけで起きているのではないことがわかってきました。私たち誰もが魔の時間帯に入ったり出たりして、日々を過ごしていることがわかってきたのです。

ネガティブをくぐり抜けた先に

魔の時間帯はネガティブの声に満ちています。ネガティブにとり憑かれた私たちは余計なことを言ったりやったり、とり返しのつかないことをしでかします。人間も動物ですから、誰もが野生のワイルドなネガティブを抱え込んだ存在です。

それでも、人間には魔の時間帯を通過する力が備わっています。

これは私的な感想でもなく、個人的な楽観でもありません。人類の歴史をみても、現代の世界を見渡しても、人間というのはそのようにできている生命体なのだと考えることが妥当といえます。劣悪な環境下でも、どのような悲惨な出来事が起きても、人々は力強く生き延びてきました。とてもつらい時期があったとしても、誰もが、そこを通過する力を持っています。

逆に言えば、今日がとてもよい一日であったとしても、近いうちにまたあっさりとネガティブに感染するでしょう。私たちがネガティブに感染しなくなることはありません。

感染してはくぐり抜ける。感染してはくぐり抜ける。

その繰り返しのなかで、私たちは新たな認識を手に入れていくのでしょう。時にはたくさんのものを失うけれど、意味ある別の新しいものを得ていきます。この過程で、私たちは少しずつ成長していくのだと思います。

退廃、堕落、絶望。不正、暴力、無関心。

ネガティブと同化しきってしまった大人は、ネガティブのくぐり抜けがうまくできなかった人たちです。闇に落ちた人たちです。彼らはネガティブの闇をさまよい続けるゾンビと化して、強烈なネガティブをあたりにまき散らし、まわりにいる人々を喰《く》らおうとします。でも一見、そんなふうに見える人でも、必死に出口を探してもがいている場合もあります。私たちだって、いつだってゾンビになりうる存在です。他人事ではありません。

だから本書では、さまざまな観点からネガティブについて考えてきました。

この先私たちは、信頼という松明《たいまつ》をかかげて暗闇に光を放ち、知識と想像力という地図を頼りに、何度でも何度でも魔の洞窟《どうくつ》をくぐり抜けていくことでしょう。

闇の世界では、誰もがいつだってひとりきりです。でも自分以外の人の心にも闇があることを知っている。このことが暗闇で私たちの支えになるはずです。闇に潜《ひそ》むものの正体をつかみ、そこにしっかりと光をかざしていれば大丈夫。必ず出口にたどり着けます。

じめじめとした魔の洞窟をくぐり抜けた先には、澄み渡った青空が、風そよぐ草原が広がっているはずです。そこでは私たちは意欲に満ちていて、世界と自己への信頼がとり戻されています。体は軽く、胸にはたしかな希望があります。とてもすがすがしい気持ちです。「あれ、おっかなかったよね」と恐ろしかった経験を他の人に話すんです。すると「うん。おっかなかったよね」と誰かが返してくれます。うれしい気持ちが胸に広がり、相手の心とつながります。

どこまでも広がるその草原で、私たちは、ちょっと脱力しながら笑っていることでしょう。

ナカムラ・コラム⑤　ワクワク感とフロー体験

ネガティブな感情は完全になくなるものではありません。私たちはそうした感情とともに生きていく存在です。とはいえ、ある人の人生からネガティブな感情をすべて消し去ったとして、そこに一気に幸せが立ちあがってくるわけでもなさそうです。ネガティブな感情が減れば、もちろん、私たちの幸福度はあがりますが、幸福な時には別のことも起きています。

ネガティブな感情とともに私たちの幸せを左右するもの。それはポジティブな感情です。

ワクワクする気持ち。生き生きとした気分。時間を忘れる没頭。歓喜。高揚。圧倒的な幸福感。人と一緒にいる時の楽しさ。

こうした経験は誰にもあるはずです。そして、ポジティブな感情もまた学問の対象とされてきました。

心理学者のマズロー（一九〇八〜七〇）は、それまでの心理学は人の病理的な側面にばかり着目してきたと考え、健康な人びと、優れた人びととの心理を研究しました。その結果、健康な人の多くは、強烈な幸福感——「至高体験《しこうたいけん》（peak experience）」を経験していたといいます。至高体験は純粋な喜びであり、そこでは恐れや不安は消え、他者に受容的になり、世界との一体感を感じます。

評論家でありSF作家でもあるウィルソン（一九三一〜二〇一三）の生涯のテーマは、低次の意識状態からの脱却と意識の拡大でした。私たちは時に驚くほどの喜びを体験し、生き生きとします。でも残念ながら、無気力、抑うつ、無感覚、悲観、絶望など、低次の意識へと引き戻されてしまいます。

ウィルソンはマズローと親交があり、マズローについての著書*11もまとめています。そこでウィルソンは、至高体験のような高次の意識状態に関心を寄せ続けたマズローの研究を高く評価しつつも、マズローが至高体験を受動的な経験だと考えていた点に異議を唱えます。ウィルソンは、人は意識的に至高体験を呼び寄せたり、その状態を保ったりすることができるはずだと考え、それこそが、まさに人間が抱えてきたさまざまな心の問題――倦怠《けんたい》、諦め、絶望、そして精神疾患などを解決すると考えました。

マズローの研究を踏まえつつ、さらに発展させた心理学者チクセントミハイ（一九三四～二〇二一）の問いは「人は最も楽しい時にどのように感じているか、そしてそれはなぜなのか」[*12]というものでした。チクセントミハイは、その経験自体が非常に楽しく、それに没入している状態を「フロー」と名づけました。その状態は、流れている（floating）感じ、流れ（flow）に運ばれた、などと語られたためだといいます。そして、このフロー体験こそが私たちに大きな喜びをもたらしていると考えました。

現在、こうした研究の流れを汲《く》んで展開されている学問領域に、心理学者のセリグマンらが主導するポジティブ心理学があります。セリグマンは「自分たちを本当に幸せにしてくれるものは何だろうか」[*13]と問います。そして、人々の持続的幸福の要素として、ポジティブな感情だけでなく、フロー状態、有意義感、達成感、他者との良好な関係性などいくつかの項目をあげました。

ポジティブな意識の解明はこれからさらに進むことでしょう。未知の世界は宇宙の果てまで広がっていますが、同時に、私たちの内側にも広がっています。私たちはこの先、新しい世界で、新しい景色を見ることができるはずです。

注

＊10　村上春樹、一九八四「踊る小人」『螢・納屋を焼く・その他の短編』新潮社、七三～一〇八頁

＊11　コリン・ウィルソン、一九七二＝一九七九『至高体験——自己実現のための心理学』河出書房新社

＊12　ミハイ・チクセントミハイ、一九九〇＝一九九六『フロー体験——喜びの現象学』世界思想社、五頁

＊13　マーティン・セリグマン、二〇一一＝二〇一四『ポジティブ心理学の挑戦——〝幸福〟から〝持続的幸福〟へ』ディスカヴァー・トゥエンティワン、五七頁

読書案内

【ナラティヴ・セラピーについて】

野口裕二、二〇〇二『物語としてのケア――ナラティヴ・アプローチの世界へ』医学書院

ナラティヴ・セラピーについて、さらにしっかりと学びたい人にはこちらの書籍をお薦めします。私は大学院生の頃に、社会学者の野口裕二先生のこの本と、やはり野口先生が訳者のひとりである『ナラティヴ・セラピー――社会構成主義の実践』（シーラ・マクナミー＆ケネス・J・ガーゲン編、一九九二＝一九九七〔復刻版二〇一四年、遠見書房〕、金剛出版）の二冊から、社会構成主義《しゃかいこうせいしゅぎ》とナラティヴ・セラピーについて学びはじめました。

ナラティヴ・セラピーの本を読むたびに、私はハッとした驚きを経験します。そこに書かれていることは、私たちがあたり前だと思っている思考のパターンをひっくり返してくれるからです。このひっくり返しを私は「認識の宙返り」と呼んでいて、そこに面白さを感じてきました。こうした知は、私たちの視野を広げ、固定した思考を解きほぐし、物事を見る際の新しい視点を提供してくれます。そこには素直な驚きと学びの喜びがあるはずです。

【親子関係について】

高橋和巳、二〇一七『消えたい――虐待された人の生き方から知る心の幸せ』ちくま文庫

「毒親」という言葉を知っている人は多いのではないでしょうか。子供を苦しめる親のことです。「アダルト・チルドレン（AC）」という言葉もあります。「アルコール依存症の親の元で育った人」が元の意味ですが、「自分の生きづらさを親との関係に起因すると自認している人」などを指す言葉です。

私が大学生の頃、アダルト・チルドレンに関する書籍がベストセラーになっていました。それで私もこうした親子関係の本を読んでは、自分の生きづらさの正体をつきとめようとしました。実際にそうした本のおかげで楽にもなりましたが、いつも違和感が残りました。「私の生きづらさとはちょっと違うかな」、「私が育った家族とはちょっと違うかな」。そんな違和感です。

こんなふうにして、家族関係の書籍を一時期読みつくしながら、そこに自分の姿を見つけられなかった私は、生きづらさの原因よりも、この社会のなかでの〈回復〉に着目していきました。

ところがある時、偶然手にした精神科医の高橋和巳先生の著書『消えたい』には、驚きました。

他の本には書かれていなかったことが書かれている、と思いました。ここには新しいことが書かれている、と感じました。そして、胸にストンと落ちる納得感がありました。

そこで、高橋先生の『消えたい』という本を、私は生きづらさを抱えて生きてきた当事者として推薦したいと思います。一般的な親子関係の書籍にはピンとこなかった方、自分の漠然とした生きづらさの正体を知りたい方は手にとるとよいでしょう。そうして、もし胸に響く場合は、高橋先生のご著書を次々と読んでいくとよいでしょう。場合によっては、どこか新しい場所に導いてもらえるかもしれません。「そうだったんだ」という思いとともに、古いストーリーを捨て、自分の現実にぴたりとあう新しいストーリーを生きられるようになるかもしれません。

高橋先生が指摘されている被虐待者《ひぎゃくたいしゃ》「異邦人《いほうじん》」（虐待を受けた人）という視点は非常に斬新で、今後、研究面でのさらなる展開が期待されます。ここでとりあげられている虐待の背景（要因）と状況は、いわゆる虐待についての現代的な理解とはまったく違います。そこではいったい何が起きているのかを高橋先生は正確にとらえ、法則性を見出し、その上で私たちに希望を示してくれます。

なお、私も話を聞くことについて本書で若干触れてきましたが、それは日常のなかでの「聞く」です。医師やカウンセラーとして「専門的に話を聴く場面」で何が起きているのか。深く傷を負った人の心が回復していく時に何が起こるのか。そうしたことが知りたい場合は、高橋先生の『精神科医が教える聴く技術』（二〇一九年、ちくま新書）をお薦めします。

おわりに――生きづらさを通じて、他者とつながる

つらい時、困っている時、私たちはそれを誰かに伝えたくなります。でも、実際は、なかなかうまくいかないものです。上手にできる人もいるのかもしれませんが、少なくとも、私は、若い頃も大人になってからも全然うまくできませんでした。

本書では、そんなお話をしてきました。

そんな私が本書で一番伝えたかったことは、私たちは、本当は**生きづらさを通じて他者とつながれる存在なのだ**ということです。適切な状況さえ整えば、生きづらさは現代社会のなかで人と人とをしっかりとつなげます。心のなかに他者とつながる回路がないことからくる生きづらさもありますが、その場合だって、「つながりってわかんないよね」、「うん。つながりってわかんないよね」と、同じ気持ちを抱えている者同士でつながることができます。

たくさん話せなくても、少し言葉を交わしただけでも、心と心がつながると「あ、つ

ながった」という感覚が残ります。誰とでもつながれるわけではないけれど、つながれる人とはつながれます。実際に会って話はできなくても、この世界にはみなさんの思いをわかってくれる人もいます。そうしたことを知るだけで、いくらか心が軽くなるものです。緊張が解けて、心があたたまるからです。

そういうあたたかさを、若い頃の私は、知りませんでした。私の育った家庭は、心を通わすことを知らないメンバーで構成されていたからです。そこには環境の問題があり、遺伝の問題がありました。誰かが悪いとは思えません。よその家にあるものが自分の家になくても、誰もそれを知らなければ「ない」こと自体に気づけないものです。

そんな寒々とした世界で、朝起きると恐怖に襲われ、さまざまな方法で嫌な気持ちを消し去っていました。もちろん、私はそんなモノクロの世界しか知りませんから、世界も人生もそういうものだと思って生きていました。それでも、何かがおかしいという感覚だけは確かにありました。

その後、私は社会学を専攻し、自分が抱えてきた生きづらさを研究するようになりました。心理学や精神医学ではなく社会学を専攻したのは偶然であり、成り行きでしたが、社会学だからこそ浮彫りにすることができた現実はたくさんありました。

でも、社会学の言葉だけではどうしても説明のつかない思いが私の胸には確かにある。社会学研究が進むほどに、このことにも気づくようになっていきました。

たとえば、現象を知的に理解できた後にも、妙な苦しさが残りました。「こういう状態になったら、絶対に楽になるはず」という状態の達成を繰り返しても、嫌な感じが体から抜けませんでした。このあたりの整理は今後の課題ですが、おそらく、私の心は、薪《まき》は転がっていても火がくべられていない状態だったのだと思います。

今の私には、心を通わせる相手がいて、世界はあたたかい場所です。今いる場所と時間のなかで安らいでいられます。「どこか遠くに脱出することさえできれば、楽になれるはず」ともがく必要はもうありません。それでも私は一〇代、二〇代の私が住んでいた色彩のない寒々しい世界の風景をこの先も忘れることはないでしょう。結局のところ、その殺伐とした砂漠こそが私の母国ですから。

当時の私の経験と記憶は、今その世界に住んでいる人たちとつながるための大切な回路です。私には、モノクロの世界の言葉がわかります。その世界を生きている人が世界中にいることもわかります。そして本書を通じて、私はまた新しくいろいろな世界の人とつながれるはずです。本というのは、人と人を心の奥深いところで直接つなげてくれる特別な媒体ですから。

人とのつながり方を日々の生活のなかで私に教えてくれたのは、学生たちや息子でした。猿の子供たちが、雪山で木の皮をがりがりとかじっていた猿の大人の手を引っぱって、猿の群れに戻してくれた。そんな格好《かっこう》だったのかもしれません。

どちらにしても、子供たちの心、若い人たちの心、つまりは本書の読者であるみなさんの心の動きはいつだって合っています。その思いは決して、間違いなんかじゃありません。若い人が怒っていればその怒りは合っていて、泣いていればその悲しみは合っています。子供や若い人を見ていて、私はいつも彼らの側は合っ、て、い、る、なと思います。その心は、社会環境や周囲の大人の言動を、彼らの内的な資質を、忠実に表現しています。

生きづらさを抱えて生き延びてきた大人の私たちも、自分の気持ちを受容し、自分のために幾度も涙を流すことができれば、自然に心は動いていくはずです。私たちの心だって、合っています。認識上の誤りや他者との行き違いが時にはあるにせよ。

本書への登場を快諾してくれたゼミの卒業生のKくん、Fさん、Mさん、ありがとうございました。近況も聞けてうれしかったです。そして私のクラスを履修して、毎週、時にはびっしりとコメントを書いてくれたたくさんの履修生のみなさん、ありがとうございました。

最後に、担当編集者の橋本陽介さん、ありがとうございました。橋本さんは『現代思想』に掲載された私の短いエッセイを読んで、執筆のお声がけをして下さったのでした。橋本さんに声をかけていただかなかったら、本書は書かれることはありませんでした。そして本書を書くなかで私は新しいことをたくさん学べました。橋本さんのおかげです。

それではみなさん、また、どこかでお会いしましょう。

二〇二三年二月

中村英代

ちくまプリマー新書

287 なぜと問うのはなぜだろう　吉田夏彦

ある／ないとはどういうことか？　人は死んだらどこへ行くのか――永遠の問いに自分の答えをみつけるための、哲学的思考法への誘い。伝説の名著、待望の復刊！

113 中学生からの哲学「超」入門――自分の意志を持つということ　竹田青嗣

自分とは何か。なぜ宗教は生まれたのか。なぜ人を殺してはいけないのか。満たされない気持ちの正体は何なのか……。読めば聡明になる、悩みや疑問への哲学的考え方。

276 はじめての哲学的思考　苫野一徳

哲学は物事の本質を見極める、力強い思考法を生み出してきた。誰もが納得できる考えに到達するためのその思考法のエッセンスを、初学者にも理解できるよう伝える。

308 幸福とは何か――思考実験で学ぶ倫理学入門　森村進

幸福とは何か。私たちは何のために生きているのか――誰もが一度は心をつかまれるこの問題を、たくさんの思考実験を通して考えよう。思考力を鍛える練習問題つき。

407 哲学するってどんなこと？　金杉武司

謎に溢れた世界の読み解き方を教えてくれる哲学。でも何からどう取り組めばいいの？　問いの立て方から答えの探し方まで、練習問題とともに学べる新しい哲学入門。

ちくまプリマー新書

002
先生はえらい
内田樹
「先生はえらい」のです。たとえ何ひとつ教えてくれなくても。「えらい」と思いさえすれば学びの道はひらかれる。——だれもが幸福になれる、常識やぶりの教育論。

067
いのちはなぜ大切なのか
小澤竹俊
いのちはなぜ大切なの？——この問いにどう答える？子どもたちが自分や他人を傷つけないために、どんなケアが必要か？　ホスピス医による真の「いのちの授業」。

072
新しい道徳
藤原和博
情報化し、多様化した現代社会には、道徳を感情的に押しつけることは不可能だ。バラバラに生きる個人を支えるために必要な「理性的な道徳観」を大胆に提案する！

099
なぜ「大学は出ておきなさい」と言われるのか——キャリアにつながる学び方
浦坂純子
将来のキャリアを意識した受験勉強の仕方、大学の選び方、学び方とは？　就活を有利にするのは留学でも資格でもない！　データから読み解く「大学で何を学ぶか」。

105
あなたの勉強法はどこがいけないのか？
西林克彦
勉強ができない理由を、「能力」のせいにしていませんか？「できる」人の「知識のしくみ」が自分のものになる方法を、認知心理学から、やさしくアドバイスします。

ちくまプリマー新書

418
「心のクセ」に気づくには
――社会心理学から考える
村山綾
私たちの心の動きはある型にはまりやすい。しかも、その傾向にはメリットとデメリットが存在する。不安やいざこざを減らすために、心の特徴を学ぼう。

392
「人それぞれ」がさみしい
――「やさしく・冷たい」人間関係を考える
石田光規
他人と深い関係を築けなくなったのはなぜか――相手との距離をとろうとする人間関係のありかたや、「人それぞれ」の社会に隠れた息苦しさを見直す一冊。

377
みんな自分らしくいるための
はじめてのＬＧＢＴ
遠藤まめた
恋愛における変なルール、個性を抑えつける校則、家族は仲が良くないといけない……。性の多様性を考えることで、「当たり前」から自由になれる。

363
他者を感じる社会学
――差別から考える
好井裕明
他者を理解しつながろうとする中で、生じる摩擦熱のようなものが「差別」の正体だ。「いけない」と断じて終えるのでなく、その内実をつぶさに見つめてみよう。

359
社会を知るためには
筒井淳也
なぜ先行きが見えないのか？　複雑に絡み合う社会を理解するのは難しいため、様々なリスクをうけいれざるを得ない。その社会の特徴に向き合うための最初の一冊。

ちくまプリマー新書

316
なぜ人と人は支え合うのか
――「障害」から考える
渡辺一史
障害者を考えることは健常者を考えることであり、同時に自分自身を考えること。なぜ人と人は支え合って生きるのかを「障害」を軸に解き明かす。

222
友だちは永遠じゃない
――社会学でつながりを考える
森真一
親子や友人、学校や会社など固定的な関係も「一時的協力理論」というフィルターを通すと、違った姿が見えてくる。そんな社会像やそこに見いだせる可能性を考える。

189
ぼくらの中の発達障害
青木省三
自閉症、アスペルガー症候群……発達障害とはどんなもの？ 原因や特徴、対処法などを理解すれば、障害を持つ人も持たない人も多様に生きられる世界が開けてくる。

079
友だち幻想
――人と人の〈つながり〉を考える
菅野仁
「みんな仲良く」という理念、「私を丸ごと受け入れてくれる人がきっといる」という幻想の中に真の親しさは得られない。人間関係を根本から見直す、実用的社会学の本。

169
「しがらみ」を科学する
――高校生からの社会心理学入門
山岸俊男
社会とは、私たちの心が作り出す「しがらみ」だ。「空気」を生む社会そのものの構造を解き明かし、自由に生きる道を考える。ＫＹなんてこわくない！

ちくまプリマー新書426
嫌《いや》な気持《きも》ちになったら、どうする？　ネガティブとの向《む》き合《あ》い方《かた》

二〇二三年五月十日　初版第一刷発行
二〇二四年三月五日　初版第二刷発行

著者　中村英代（なかむら・ひでよ）

装幀　クラフト・エヴィング商會
発行者　喜入冬子
発行所　株式会社筑摩書房
東京都台東区蔵前二‐五‐三　〒一一一‐八七五五
電話番号　〇三‐五六八七‐二六〇一（代表）
印刷・製本　中央精版印刷株式会社

ISBN978-4-480-68451-6 C0236 Printed in Japan